Kultur*fair*mitteln
Praxishandbuch Anstellung eines Kulturvermittlungs-Teams

Wencke Maderbacher

Technisches Museum Wien mit Österreichischer Mediathek

Vorwort

Verantwortung und Haltung

Menschen, die im Kulturbetrieb arbeiten, verfügen über eine überdurchschnittlich hohe Selbstmotivation und identifizieren sich mit den Inhalten und Anliegen ihrer Kulturinstitution in hohem Maße.
Teams in allen Abteilungen leisten viel, um die Qualität der Ausstellung, der Aufführung oder des Kulturvermittlungsprogramms zu gewährleisten. Der Fokus aller Beteiligten liegt auf der Außenwirkung, auf der Zufriedenheit der Besucherinnen und auf dem medialen Erfolg.

Selten setzt man sich intern nachhaltig mit den Arbeitsbedingungen auseinander: mit den Arbeitszeiten, den Überstunden und der Form der Dienstverhältnisse. Im Technischen Museum Wien hat man aber genau das getan und sich zum Ziel gesetzt, die prekären Arbeitsverhältnisse zu beenden. Wencke Maderbacher vom Technischen Museum Wien hat ein beispielhaftes Modell entwickelt und auch bereits umgesetzt, in dessen Zentrum die Anstellung der Kulturvermittlerinnen steht und das sehr durchdacht, die persönliche und berufliche Weiterentwicklung der Mitarbeiterinnen ermöglicht und fördert.

Diese Vorgehensweise zeugt von Respekt den Menschen gegenüber, die tagtäglich ihr Know-how und ihr Engagement einbringen, und zeigt, dass ein Umdenken stattfinden kann. Den eigenen Beruf als Berufung zu sehen, ist nach wie vor wünschenswert und bereichernd, allerdings darf das in Zukunft nicht mehr als Entschuldigung für unsichere Arbeitsverhältnisse und belastende Arbeitsbedingungen gelten.

Diese Publikation gibt fundierte und praktische Hinweise zur Umsetzung und hat zugleich das Potenzial, den Diskurs über die zukünftigen Arbeitsbedingungen im Kulturbetrieb anzuregen. Ich bin zuversichtlich, dass viele Verantwortliche die Zeichen der Zeit erkennen und durch gezielte interne Maßnahmen das Berufsfeld der Kulturvermittlung weiter verankern und professionalisieren werden!

Mag. Karin Wolf
Gründerin und Direktorin des Instituts für Kulturkonzepte

Die Abteilung „Vermittlung" des Technischen Museums Wien wurde, bedingt durch die steigenden Besucherzahlen, in den letzten Jahren stark ausgebaut und die zielgruppenorientierten Angebote wurden erweitert. Es wird nun Programm für alle Altersstufen und Bevölkerungsschichten geboten. Neben den laufenden Haus- und Themenführungen werden auch die aktuellen Sonderausstellungen mit Aktionen begleitet.

Die Organisation dieser zentralen Abteilung bedurfte deshalb – nicht nur aufgrund des Zuwachses an KulturvermittlerInnen – einer neuen Struktur. Ich freue mich sehr über die Initiative von Beatrix Hain und Wencke Maderbacher, die eine innovative, tragfähige Organisationsstruktur entworfen und gemeinsam mit dem gesamten Team im Haus etabliert haben. Das vorliegende Handbuch soll allen Interessierten, die sich mit dem Aufbau ähnlicher Strukturen befassen, Wegweiser und Unterstützung sein.

Dr. Gabriele Zuna-Kratky
Direktorin Technisches Museum Wien

Als ich mit der Vermittlungsarbeit am Technischen Museum anfing, schrieben wir das Jahr 1990. Es war die Zeit, als sich museumspädagogisches Arbeiten in den Bundesmuseen zu etablieren begann, getragen von WerkvertragnehmerInnen. Das Terrain musste aufbereitet werden, Vermittlungs-Aktionen in Ermangelung von Arbeitsräumen in den Schausammlungen ausgeführt werden. Im Laufe der Jahre wurde Vermittlungsarbeit nicht mehr als Störfaktor im Museumsbetrieb gesehen, sondern als Bereicherung für die BesucherInnen des Museums.

Als Meilenstein in der museumspädagogischen Hausgeschichte kann das Jahr 2010 angesehen werden: Die KulturvermittlerInnen wurden angestellt. Von jeher war es Wencke Maderbacher und mir ein Anliegen, die Kulturvermittlung als Berufsbild weiter zu etablieren. Mit der geregelten Anstellung, einer Ausbildung vor Ort und der Zusammenarbeit mit den Sammlungen etablierte sich der Bereich als eigene Abteilung. Dafür mussten Organisationsstrukturen geschaffen werden, Weiterbildungen ermöglicht und eine gute Kommunikationsform gefunden werden. Hiermit ergeht mein aufrichtiger Dank an Wencke Maderbacher, dass ihr Organisationstalent einen so guten Niederschlag in der Abteilung gefunden hat. Diese Publikation – ein Handbuch für Kulturfairvermitteln – ist ein weiterer Meilenstein, das komplexe Berufsbild der Kulturvermittlerin sichtbar zu machen.

Dr. Beatrix Hain
Abteilungsleitung Wissensvermittlung Technisches Museum Wien

Impressum

Kultur*fair*mitteln
Praxishandbuch Anstellung eines Kulturvermittlungs-Teams
Herausgegeben von Wencke Maderbacher
im Auftrag des Technischen Museums Wien mit Österreichischer Mediathek, 2015
Publikationskonzept und Autorin: Wencke Maderbacher
Grafische Gestaltung: Ursula Emesz
Lektorat: Regina Danek
Koordinationsstelle: Barbara Hafok

Hinweis:
Zugunsten der besseren Lesbarkeit wird in der vorliegenden Publikation auf die gleichzeitige Verwendung männlicher und weiblicher Personenbegriffe verzichtet und nur die weibliche Form gebraucht, um der aktuellen Realität Rechnung zu tragen: In der Kulturvermittlungsbranche arbeiten zu achtzig Prozent Frauen. Gemeint sind selbstverständlich aber auch stets die – wenigen – männlichen Kollegen. Sollte das Verhältnis zwischen männlichen und weiblichen Kolleginnen in der Zukunft ausgeglichen sein, wird das natürlich auch in der Formulierung umgesetzt.

Inhaltsverzeichnis

Wencke Maderbacher

Stellvertretende Abteilungsleitung Wissensvermittlung am Technischen Museum Wien

Seit 2006 gestaltet und formt Wencke Maderbacher als stellvertretende Abteilungsleitung die Kulturvermittlung am Technischen Museum Wien. Ihren Einstieg in die Vermittlungstätigkeit fand sie 2001 als freie Kulturvermittlerin. Rasch entdeckte sie ihr Interesse für Personalmanagement und Organisation und widmete sich verstärkt der Förderung des Vermittlungs-Teams. Wencke Maderbacher schlägt in ihrer Arbeit eine Brücke zwischen kreativer Konzeption und wirtschaftlicher Umsetzbarkeit in der Kulturvermittlung.

Einleitung

Wozu Kulturvermittlerinnen fest anstellen,
wenn es auch anders funktioniert?

Spricht man von Kulturvermittlung, so hat man sofort interessante Führungen und spannende Workshops im Kopf. Von VIP-Programmen bis hin zu niederschwelligem Angebot sollen alle Besucherinnen in Bann gezogen werden. Doch wer arbeitet hier an der Schnittstelle zwischen Institution und Publikum? Und unter welchen Arbeitsbedingungen finden diese Vermittlungen eigentlich statt?
Wer profitiert von der Anstellung – wer von freien Dienstverträgen?
Warum ist gerade dieser Berufszweig von Angestelltendienstverhältnissen Großteils ausgenommen?
Sind diese Fragen so leicht zu beantworten, wie es auf den ersten Blick scheint?

Im Vordergrund sollte jedoch die Frage stehen: „Wie wollen wir arbeiten?"
Genauer gesagt: „Wie wollen wir zusammenarbeiten?"

Was würde auf Ihrer persönlichen Wunschliste zum Thema Zusammenarbeit stehen?
Wahrscheinlich faire Arbeitsbedingungen jenseits von (selbst-)ausbeuterischen Verträgen mit realistischem Arbeitsaufwand, ein gutes Klima im Team, nette Kolleginnen, eine sinnvolle Tätigkeit, Respekt und Anerkennung für die Leistungen und nicht zu vergessen persönlicher Gestaltungsfreiraum, um nur die ersten Gedanken zu nennen.
Habe ich richtig getippt?

Damit ein Team und eine Abteilung gute Ergebnisse liefern können, braucht es stabile Rahmenbedingungen Diese sind nicht allein mit unbefristeten Angestelltendienstverhältnissen erledigt. Dazu gehört noch viel mehr, wie zum Beispiel Transparenz, offene Kommunikation, Entwicklungs- und Karrieremöglichkeiten. Die Mitarbeiterinnen gehören zu den wertvollsten „Ressourcen" in der Kultur. Ihr Engagement ist unersetzlich für den Erfolg einer Kultureinrichtung. Die Kulturvermittlerinnen stellen das Bindeglied zwischen der Institution und dem Publikum dar. Sie erwecken die Objekte zum Leben und schüren Begeisterung und Interesse bei Zielgruppen aller Altersstufen und mit unterschiedlichem sozialem oder kulturellem Background.

An vielen Kultureinrichtungen arbeiten Kulturvermittlerinnen als freie Dienstnehmerinnen oder auf Basis von Werkverträgen und sind somit strukturell wenig in Institutionsabläufe eingebunden. Angestelltendienstverträge für das gesamte Team, wie sie es am Technische Museum Wien gibt, sind in der Branche eher unüblich.

Die Umstellung von freien Dienstverträgen zu Angestelltendienstverhältnissen bringt viele Änderungen in Organisation und Alltag einer Abteilung mit sich, ermöglicht aber auch völlig neue Gelegenheiten für Vermittlungsformate und Projektarbeiten. Die Auswirkungen solcher Maßnahmen – verbesserte Kommunikation, effektivere Organisation, langfristig geplante Weiterbildungen, Wissenstransfer und nicht zuletzt höhere Motivation bei den Mitarbeiterinnen – dringen nach außen und schlagen sich durch eine noch ausgereiftere Qualität in der Vermittlungs- und Projektarbeit nieder.

Hier wird ein Weg des Personalmanagements im Kulturbereich, speziell in der Kulturvermittlung, aufgezeigt, von dem alle Beteiligten – Kulturvermittlerinnen, Kultureinrichtung und Besucherinnen – profitieren.

Mit diesem Buch halten Sie ein praxisnahes Werkzeug für die Organisation und Zusammenarbeit in einem angestellten Vermittlungsteam in der Hand, das über mehrere Jahre erprobt wurde. Die Maßnahmen wurden in zahlreichen Feedbackgesprächen intern und extern evaluiert, und die Wirtschaftlichkeit wird ständig optimiert. Sie ersparen sich den Umweg von vielen „Trial and Error"-Situationen – wir haben in der Zwischenzeit einiges kennengelernt und lassen Sie hier an unseren Erfahrungen teilhaben.

Die Publikation gliedert sich in drei große Kapitel.

In Kapitel 1 wird das Für und Wider der Angestelltendienstverhältnisse beleuchtet. Was bedeutet es für einen Kulturbetrieb und dessen Mitarbeiterinnen, auf Basis von Angestelltendienstverträgen zusammenzuarbeiten? Inwiefern merken die Besucherinnen diese Veränderung in der Zusammenarbeit?

Die zwei zentralen Themen Organisation (Kapitel 2 „Planen, Rechnen, Tüfteln") und Miteinander-Arbeiten (Kapitel 3) greifen im Alltag ständig ineinander. Ein gutes Miteinander braucht geregelte Abläufe und viel Planung im Hintergrund, damit die Ressourcen, aber auch die Gedanken frei sind für kreative Umsetzungen. Ein Team, das auf Augenhöhe zusammenarbeitet, in dem Respekt und Wertschätzung vorherrschen, kann gemeinsam an einem Strang ziehen, die Kräfte bündeln und Neues erreichen. Dieses Team setzt sich aus einzigartigen Mitarbeiterinnen zusammen, die von der Leitung und der Institution in ihrem Handeln unterstützt werden müssen und für die es attraktive Perspektiven und Herausforderungen gibt. Keine leichte Aufgabe, die man sich hier stellt – aber es ist nicht unmöglich und lohnt sich auf jeden Fall!

1. Alles wird anders

Humans are allergic to change. They love to say „We've always done it this way."
Grace Hopper, Computerpionierin

Begann die Vermittlungsarbeit vor mehreren Jahrzehnten mit freien Interaktionen für Schulgruppen in Museen, findet nun an den meisten – vor allem den großen – Kultureinrichtungen organisierte Kunst- und Kulturvermittlung statt. Diese kann im Organigramm unterschiedlich angesiedelt sein: Die Vermittlungsabteilung ist teilweise beim Marketing, beim Besucherinnen-Service oder bei den Sammlungen angelagert oder sie bildet, wie z.B. am Technischen Museum Wien (TMW), eine eigene Stabsstelle. Das liegt an den verschieden organisierten Hausstrukturen.

Zumeist sind zwei bis fünf Personen für die Organisation und Konzeptausarbeitung in den Vermittlungs-abteilungen angestellt. Die Vermittlungen in direkter Interaktion mit dem Publikum selbst werden zumeist von atypisch beschäftigten Kunst- und Kulturvermittlerinnen mit freien Dienstverträgen, Werkverträgen oder geringfügig angestellten Saisonkräften durchgeführt. Besonders brisant ist, dass in der Kunst- und Kulturvermittlungs-Branche hauptsächlich Frauen arbeiten, deren Arbeitssituation als Kulturvermittlerin oft prekär ist. Die Kulturvermittlerinnen sind unter diesen Bedingungen ständig wechselnden Verhältnissen ausgeliefert und können zeitweise kaum ihren Lebensunterhalt bestreiten. Bereitwillig werden die Vermittlungen in der Freizeit vorbereitet, höchst flexibel gearbeitet und suboptimale Arbeitsbedingungen in Kauf genommen, weil der gesellschaftspolitische Auftrag oder das Projekt so spannend sind.

Dessen ungeachtet wird stets betont, wie wichtig und wertvoll die Kunst- und Kulturvermittlung für eine Institution zur Erreichung ihrer Zielgruppen und Erfüllung des Bildungsauftrages ist. Jedes Haus und dessen Inhalte hat nur die beste, zielgruppengerechte Vermittlung verdient.
Doch bessere Arbeitsverhältnisse sind möglich. Man kann, darf und soll sich in diesem Fall ruhig etwas von der Wirtschaft abschauen. Dort ist Mitarbeiterinnen-Entwicklung schon seit vielen Jahrzehnten, zumindest in der Theorie, vorhanden.

1.1. Neue Verträge und ihre Folgen für das Technische Museum Wien

Das TMW kann einen direkten Vergleich zwischen einem Kulturvermittlungs-Team mit freien Dienstverträgen und einem mit Angestelltendienstverträgen anstellen.
Bis Jänner 2010 bestand das Team aus freien Dienstnehmerinnen, mit zusätzlichen Werkverträgen für Konzept-erstellungen, mit Jänner 2010 wurden alle Kulturvermittlerinnen fix am Technischen Museum Wien angestellt. Der folgende Vergleich zeigt die Entwicklung des Kulturvermittlungs-Teams am TMW. Jede Kulturinstitution und deren Vermittlungsabteilungen sind etwas unterschiedlich organisiert, aber es lassen sich bestimmt einige Parallelen in der Vermittlungsarbeit und den Mitarbeiterinnen wiederfinden.

Alle Mitarbeiterinnen, die die Umstellung des Kulturvermittlungs-Teams mitgemacht haben, wurden interviewt: die Mitarbeiterinnen der Personalverwaltung, die sich um die Verträge und Abrechnung kümmern, die direkten Vorgesetzten (Team- und Abteilungsleitung) sowie die Kulturvermittlerinnen, die früher als freie Dienstnehmerinnen Führungen am Haus machten. Die wichtigsten Fragen hierbei waren, welche positiven und negativen Veränderungen es in Bezug auf Arbeit, Aufgaben, Struktur, Team und Leitung seither gegeben hat.

Und besonders spannend: Ob man nun, nach mehreren Jahren Erfahrung, wieder zurück zum freien Dienstvertrag wechseln würde oder nicht.

1.1.1. Die Personalverwaltung: Ein faires Miteinander fängt bei fairen Verträgen an

Mit dem Angestelltenverhältnis bewegt man sich nicht nur im rechtssicheren Raum, es geht auch um die Wertschätzung der Mitarbeiterinnen. Unmut kommt vor allem dann auf, wenn in einem Betrieb, noch schlimmer in einer Abteilung oder einem Team, unterschiedliche Verträge oder Bezahlung für ähnliche Tätigkeiten vergeben werden sollten. Die zentrale Frage lautet „Was wünscht man sich für sich selbst?".

Ob Kriterien für ein echtes Dienstverhältnis vorliegen, kann z.B. nach folgenden Kriterien abgefragt werden:

- Ist die Kulturvermittlerin zur persönlichen Leistungserbringung verpflichtet?
- Ist die Kulturvermittlerin persönlich weisungsgebunden und mit ihrer Tätigkeit in die betriebliche Organisation eingebunden?
- Kann sich die Dienstnehmerin Zeit und Umfang weitgehend selbst einteilen?
- Kann die Dienstnehmerin selbst über die Arbeitsabläufe bestimmen – in Bezug auf Einsatz, Honorar, Arbeitsstätte, Materialien, Abläufe?

Am TMW wiesen die Gegebenheiten eindeutig auf eine Anstellung des Vermittlungs-Teams hin.

Gegen freie Dienstverhältnisse sprach der überwiegend gelebte Alltag der Kulturvermittlung im Haus. Die Kulturvermittlerinnen waren im Organigramm wiederfindbar, die Vertretungsregel konnte nicht frei gelebt werden. Eine freie Zeiteinteilung bestand ebenfalls nicht, da Vermittlungen immer an Ort, Raum und Thema gebunden sind. Es reicht hierfür nicht, dass die Kulturvermittlerin sich ihre Dienste selbst zusammenstellt, indem sie zu gebuchten Vermittlungen zu oder absagt.

Ein Werkvertrag wiederrum ist nur bezüglich in sich abgeschlossener „Werke" sinnvoll – in der Kulturvermittlung etwa das Verfassen und Ausarbeiten eines Konzepts. Eine Vermittlungsdurchführung ist hingegen kein Werk, sondern eine Dienstleistung mit Merkmalen, die auf ein regelmäßiges Anstellungsverhältnis hinweisen, vergleichbar mit einer Orchestermusikerin, bei der ebenfalls die regelmäßige Dienstleistung im Vordergrund steht.

Vorsicht: Selbst wenn man einen freien Dienstvertrag oder Werkvertrag vergibt, gilt die tatsächlich gelebte Situation. Sollte die Kulturvermittlerin persönlich weisungsgebunden sein, und die Arbeitsabläufe vom Auftraggeber vorgegeben werden, spricht das für ein Angestelltendienstverhältnis.[1]

Aus Sicht der Personalverwaltung ist ein Angestelltendienstvertrag deutlich weniger Aufwand: Sind die Verträge einmal geschrieben, verändert sich nur noch wenig. Dies ist ein deutlicher Unterschied gegenüber

---

[1] Siehe: *Peter M. Lynen*, Der Honorarvertrag als Instrument im Personalwesen öffentlicher und privater Kulturbetriebe – Zauberformel oder Irrweg in *Andrea Hausmann/Laura Murzik* (Hrsg.), Erfolgsfaktor Mitarbeiter, S. 109–122.

freien Dienstverträgen, bei denen jede Kulturvermittlerin monatlich die erbrachten Leistungen mittels Honorarnoten abrechnet, die sowohl von der Abteilung als auch von der Verwaltung überprüft werden müssen. Diese zeitaufwändige Prüfung bedingt eine separate Gehaltsabrechnung und einen zusätzlichen Zahllauf. Auf Grund des abgerechneten Honorars kann festgestellt werden, ob für den jeweiligen Monat eine Teil- (geringfügig) oder Vollversicherung vorliegt. Nicht selten kann das zu einer nachträglichen Änderungsmeldung an die Gebietskrankenkasse führen, wenn gegenüber der Planung mehr oder weniger Dienste durch die freie Dienstnehmerin übernommen worden sind, z.B. durch Dienstplanänderungen, Stornierungen oder Krankheit. Unter Umständen fällt eine Dienstnehmerin spontan aus dem Versicherungsschutz.

Bezüglich der Arbeitszeit bieten freie Dienstverträge für Institutionen sicher den Vorteil der arbeitsrechtlichen Flexibilität, vor allem in Bezug auf Höchstarbeits- und Ruhezeiten der Mitarbeiterinnen. Für freie Dienstnehmerinnen gelten in dieser Hinsicht grundsätzlich keine Arbeitnehmerinnenschutzgesetze. Freie Dienstnehmerinnen könnten nach eigenem Ermessen durchgehend arbeiten. So können die gesetzlichen Vorgaben der Arbeitszeiten und Arbeitsruhezeiten bei Angestelltenverhältnissen wiederum als organisatorischer Nachteil gesehen werden.

In Bezug auf den Kostenfaktor liegt für den Arbeitgeber kein relevanter Unterschied zwischen freien Dienstverträgen und Angestelltenverträgen vor. Ende der 1990er bis Mitte der 2000er Jahre bestand ein finanzieller Vorteil bei der Anstellung mit freien Dienstverträgen, da Lohnnebenkosten teilweise entfielen. Nach der aktuellen Regelung sind die Lohnnebenkosten für freie Dienstverträge fast gleich hoch wie bei einem Angestelltenverhältnis. Weiterhin entfallen bei freien Dienstverträgen aber z.B. Urlaubsentgelt, Urlaubsgeld, Weihnachtsremuneration, der Anspruch auf Pflegefreistellung und Väterkarenz, und die Bestimmungen des Mutterschutzgesetzes.

Die Vorbildwirkung öffentlicher Kulturbetriebe für faire Arbeitsbedingungen aller Mitarbeiterinnen ist hier besonders hervorzustreichen. Eine Kultureinrichtung hat nicht nur einen gesellschaftlichen Bildungsauftrag, sondern als Arbeitgeberin auch eine Verantwortung gegenüber ihren Dienstnehmerinnen.

1.1.2. Die Teamleitung: Miteinander arbeiten, gemeinsam die Zukunft planen

Die Qualität und Vielfältigkeit des Programms wächst durch kontinuierliches Arbeiten in einem stabilen Team. Gab es früher zwar auch nur vereinzelt Besucherinnen-Beschwerden über die Vermittlungstätigkeit, so sind die Publikumsfeedbacks seit der Umstellung 2010 durch die Reihe sehr positiv, die negativen Rückmeldungen entfallen fast komplett. Das Kulturvermittlerinnenteam kann durch Erfahrung, Schulungen und Austausch noch besser auf die Anforderungen der unterschiedlichen Besucherinnen-Zielgruppen eingehen und kundenorientierter handeln. Durch das gegenseitige Feedback der Kolleginnen lernt das Team stetig voneinander.

Bestand die Führungsstrategie früher hauptsächlich aus Anweisungen, da freie Mitarbeiterinnen in die meisten Projekte nur oberflächlich eingebunden waren, arbeitet seit der Umstellung der Beschäftigungsverhältnisse die Abteilung gleichberechtigt in Projekten zusammen. Als freie Dienstnehmerinnen führten die Kulturvermittlerinnen großteils vorgefertigte Konzepte aus anstatt sie selbst auszuarbeiten. Heute vergibt die Leitung die Projektmitarbeiten nach Erfahrung und Bildungshintergrund der Mitarbeiterinnen und kommuniziert diese Entscheidungen transparent. Die Kulturvermittlerinnen werden in ihrer Arbeit unterstützt und motiviert.

Durch Projektmitarbeiten gestalten sich die Aufgaben der Mitarbeiterin zusätzlich vielseitiger; es gibt Zeit und Raum Konzeptideen in der Arbeitszeit umzusetzen. Eigene Konzepte auszuführen stärkt das Selbstbewusstsein von Mitarbeiterinnen; die Kulturvermittlerinnen werden gefördert und angespornt. Jede Einzelne übernimmt mehr Verantwortung für das eigene Handeln in der Abteilung. Geht es den Mitarbeiterinnen gut, geht es der Institution gut, und das kommt auch beim Publikum an.

Aus organisatorischer Sicht sind besonders die langfristige Planbarkeit der Abteilungsaufgaben und der Einsatz der Mitarbeiterinnen hervorzuheben. Die Jahresplanung der Projekte und Buchungen kann strukturierter umgesetzt sowie aufbauende Weiterbildungsmaßnahmen getroffen werden. Verantwortungen können nach Einschulungen an das Team delegiert werden, was eine deutliche Erleichterung der laufenden Tätigkeiten bedeutet.

Nicht unerwähnt bleiben sollten all die kleinen und großen rechtlichen Hürden, mit denen die Teamleitung eines freien Kulturvermittlerinnen-Teams konfrontiert ist. Eine Vielzahl an Strukturmaßnahmen, die die Zusammenarbeit und Leitung erleichtern würden, darf man rechtlich nicht umsetzen. Es darf keinen vorgegebenen Dienstplan geben und nicht über die Anwesenheit bestimmt werden. Eine Kulturvermittlerin könnte z.B. mitten in der Hochsaison abwesend sein – ihre Kompetenz und Arbeitskraft fehlt, wenn man sie am meisten braucht. Dienstkleidung darf in keiner Weise vorgeschrieben werden. Auch darf keine Vermittlungsüberprüfung auf Inhalte und Qualität mit Feedback durchgeführt werden. Sollte die Kultureinrichtung nicht mit der Vermittlungsleistung der freien Kulturvermittlerin zufrieden sein, besteht nur die Möglichkeit, der Kulturvermittlerin keine weiteren Aufträge zu geben. Die Kosten für Weiterbildungen der freien Dienstnehmerinnen übernimmt zumeist nicht die Kulturinstitution. Schulungen, Tagungen und Dienstreisen müssten die Kulturvermittlerinnen in ihrer Freizeit auf eigene Kosten besuchen, weswegen ein Großteil des Teams nicht an diesen Weiterbildungsveranstaltungen teilnimmt. Die Kulturvermittlerinnen dürfen kein Büro, keinen Computerarbeitsplatz, nicht einmal eine Garderobe in der Institution haben. Die freien Dienstnehmerinnen dürfen keine Literatur aus der Hausbibliothek entlehnen und der Betriebsrat vertritt die Kulturvermittlerinnen nicht. Denn das alles wären Beweise dafür, dass das Dienstverhältnis gar nicht so frei ist, wie es vorgegeben wird.

Aber auch eine unbefristete Anstellung birgt gewisse Schwierigkeiten: Die Stundenanzahl im Team kann nur nach Verhandlungen mit der Personalverwaltung erhöht werden. Weiters ist der Informationsaustausch und der Wissenstransfer in einer großen Abteilung mit vielen Themen stets eine Herausforderung, die es zu meistern gilt.

Als Teamleiterin ist es besonders wichtig, Augenmerk auf Teamgefühl, Respekt und Wertschätzung unter den Kolleginnen zu legen, um an den Inhalten und nicht an Oberflächlichem zu arbeiten.

1.1.3 Die Kulturvermittlerinnen: Beruf statt Job

Auffällig ist, dass in jedem Gespräch das Wort „Kampf" im Zusammenhang mit den freien Dienstverträgen fiel: Konkurrenzkampf, Kampf um Stunden, Kampf um Geld, Einzelkämpferinnen usw. Auch Wörter wie „rücksichtslos" und „egoistisch" wurden häufig in Verbindung mit dem freien Dienstverhältnis gebracht –

wahrlich keine guten Voraussetzungen für das Team oder deren Leitung. Ein Wettstreit um Termine und Geld führt automatisch zu einem starken Konkurrenzdruck. Die Kolleginnen werden als Konkurrentinnen und nicht als gleichwertige Expertinnen wahrgenommen. Der Respekt untereinander fehlt oft, allein schon, weil man sich nicht so gut kennt. Das Angestelltendienstverhältnis hebt viele Spannungen auf: Der Kampf um einzelne Führungen entfällt.

Wenn der Konkurrenzkampf entfällt, können Wissen und Kompetenzen angstfrei im Team weitergegeben werden; es entsteht ein hohes Level an Toleranz und Respekt im Team. Es gibt keine Einzelkämpferinnen mehr, und die Kolleginnen unterstützen sich gegenseitig bei der Arbeit. Durch die Büroarbeitsstunden und Besprechungen und nicht zuletzt durch eigene Büroräume und Arbeitsplätze sehen sich alle Mitarbeiterinnen der Abteilung regelmäßiger. Die Meetings werden genutzt, um sich neben abteilungsinternen Informationen über die Geschehnisse im Haus, den Betriebsrat oder Kulturpolitik auszutauschen.

Die regelmäßigen Team-Besprechungen stellen einen besonders wertvollen Zugewinn zum methodischen, inhaltlichen und organisatorischem Austausch unter Kolleginnen dar.
Auch im Team der freien Dienstnehmerinnen gab es monatliche Team-Meetings. Diese wurden jedoch hauptsächlich zur Diensteinteilung genutzt, weshalb Inhalte oder ein fachlicher Austausch durch die organisatorische Abwicklung und den hohen Konkurrenzdruck in den Hintergrund gedrängt wurden.

Selbstverständlich ändern sich mit der Veränderung der Beschäftigungsverhältnisse auch die Perspektiven für jede Einzelne. Hat die Kulturvermittlungstätigkeit mit freien Dienstverträgen öfter das Image des Studentinnenjobs, entsprechen die Aufgaben einer Mitarbeiterin mit Angestelltendienstverhältnis wirklich dem „Berufsbild Kulturvermittlerin".

Inhaltlich und organisatorisch ist das Kulturvermittlerinnen-Team seit der Vertragsumstellung mehr im Haus eingebunden; die Kulturvermittlerinnen werden auch von den übrigen Abteilungen als gleichwertige Kolleginnen wahrgenommen und geschätzt. Austausch und Diskussionen finden nun auf selber Augenhöhe statt. Durch diese Anerkennung bringt sich das Team mehr ins gesamte Museumsgeschehen ein, und die Kulturvermittlerinnen identifizieren sich noch stärker mit der Institution.

Für die Dienstnehmerinnen bietet ein durchgehendes Angestelltendienstverhältnis vor allem soziale Sicherheit: gleichbleibendes Gehalt, durchgehende Versicherung, Entgeltfortzahlung im Krankenstand, Urlaubs- und Weihnachtsgeld, Mutterschutz und so fort. Alle Lernzeiten, Vorbereitungszeiten und Besprechungen zählen nun selbstverständlich zur bezahlten Arbeitszeit.

Jede Kulturvermittlerin hat dabei ein fixes Pensum an entsprechend dem Dienstplan vorgesehenen Vermittlungen sowie an frei einteilbaren Bürostunden zu bewältigen. Die Bürostunden dienen zum Lernen der Museumsinhalte und Vermittlungsformate, für die Konzept- und Projektarbeit, für organisatorische Mitarbeit in der Abteilung etc.

Im Gegensatz dazu haben freie Dienstnehmerinnen einen deutlich höheren Selbstverwaltungsaufwand, wie z.B. die selbstständige Versteuerung beim Finanzamt, ggf. soziale Absicherungen bei schwankendem Honorar etc. Und am wichtigsten: Während des laufenden Monats oder eines Projekts muss sich die Kulturvermittlerin um genügend Arbeit und Projekte für die Zukunft kümmern – ein klarer Qualitätsverlust für die Institution und deren Besucherinnen, wenn sich die Mitarbeiterinnen immer zuerst um die Erfüllung der Grundbedürfnisse

Sorgen machen müssen und sich dann erst um die Inhalte der Arbeit Gedanken machen können.
Das Honorar von freien Kulturvermittlerinnen schwankt monatlich stark, da es an die Buchungslage
gebunden ist. In der Hauptsaison muss auch das Geld für die schlecht ausgelasteten Monate verdient
werden. Somit kommt es nicht selten vor, dass Kulturvermittlerinnen auch krank zur Arbeit kommen, um
nicht auf ein Honorar verzichten zu müssen. In schlechter gebuchten Monaten oder falls eine Ausstellung
nicht den erwarteten Ansturm bringt, können nicht alle freien Kulturvermittlerinnen, die das wollen, über
der Geringfügigkeitsgrenze arbeiten, sodass sich diese Kulturvermittlerinnen für einen Zeitraum unter
Umständen selbst versichern oder einer weiteren Tätigkeit nachgehen müssen.

Einen Vorteil des freien Dienstvertrages stellen aus Sicht der Auftragnehmerinnen die selbst zusammen-
stellbaren Dienste dar. So können Vermittlungen geblockt angenommen werden, um anschließend mehrere
Tage oder Wochen frei zu haben. Auch können sich Kulturvermittlerinnen die Themen der Vermittlungen
großteils selbst zusammenstellen im Gegensatz zum vorgegebenen Dienstplan. Einfluss darauf, was gebucht
wird, haben die Kulturvermittlerinnen weder in dem einen noch in dem anderen System. Fremdsprachige
Führungen oder Abendveranstaltungen werden in vielen Häusern besonders gut bezahlt und sind
dementsprechend begehrt. Allerdings birgt diese Organisation der Dienstvergabe einige Nachteile für die
Institution und die Auftragnehmerinnen. So werden bei freien Dienstnehmerinnen-Teams die Führungen
meist nach dem Prinzip „first come – first serve" verteilt, was manchmal zu Beschwerden der Besucherinnen
über nicht zielgruppengerechte Vermittlungen geführt hat. Die freien Kulturvermittlerinnen wiederum
müssen stets telefonisch oder per Mail erreichbar sein, um auch wirklich die angestrebte Buchungsanzahl zu
bekommen.

Konkurrenzdruck und Auseinandersetzungen über die gerechte Verteilung der Vermittlungen bestimmen oft
die Zusammenarbeit. Das Dienstplan-Prozedere im Angestelltendienstverhältnis mit langfristiger Einteilung
bietet sogar eine bessere Planbarkeit für die Mitarbeiterinnen, weil Freizeit und Arbeit besser im Voraus
koordiniert werden können. Bei genügend Kulturvermittlerinnen im Team kann auch die Flexibilität durch
Einspringen und Tauschen gewährleistet werden.

Neben der strukturellen Sicherheit spielt die emotionale Wertigkeit eine ebenso große Rolle. Alle
Beteiligten haben eine Verbesserung der Abteilungssituation wahrgenommen und konnten individuell viele
Beispiele dafür aufzählen: das bessere Verhältnis zur Sammlungsabteilung, zusätzliche Büros mit Computer-
Arbeitsplätzen, bezahlte Weiterbildungen, Informationsaustausch und Transparenz in der Abteilung und im
Museum.

*Fazit: Manche Kulturvermittlerinnen des TMW haben der Vertragsumstellung im Jänner 2010 sehr
skeptisch entgegengeblickt, weil sie eine Verschlechterung, vor allem beim Einkommen, befürchteten.
Doch nach mehreren Jahren Erfahrung steht für alle fest, dass sich die Situation für alle Beteiligten –
Kulturvermittlerinnen, Leitung, Verwaltung, Museum, Besucherinnen – deutlich verbessert hat. Es
wurde eine demokratische Basis geschaffen. Eine solch radikale Umstellung kann nur funktionieren,
wenn die Abteilungsleitung, die Verwaltung und nicht zuletzt die Museumsleitung voll hinter der
Umsetzung stehen, und das Team aktiv institutionell unterstützt wird.*

1.2. Vertragsumstieg gesagt – getan! Aber wie?

2009 traf die TMW-Verwaltung die Entscheidung, die Verträge des Kulturvermittlerinnen-Teams umzustellen. Die Vertragsform wurde gemeinsam verhandelt und anhand der Anforderungen entwickelt. „Standard"-Angestelltendienstverträge eignen sich hierfür nicht.

Zunächst wurde vor allem der Bedarf an Stunden erhoben. Wie viele Stunden werden künftig benötigt, um die Durchführung der Vermittlungen abzudecken? Dazu wurde auch erhoben, wie viele Stunden die einzelnen Mitarbeiterinnen bisher durchschnittlich gearbeitet hatten.

Nach einer gemeinsamen Informationsrunde mit Verwaltung, Team und Abteilungsleitung, bei der die allgemeinen Informationen bzgl. der Umstellung vorgestellt und diskutiert wurden, führte die Abteilungs- und Teamleitung mit jeder Kulturvermittlerin ein Einzelgespräch. Hierbei wurden die vergangenen Aufgaben besprochen und gefragt, ob der Wunsch nach einem Übertritt in ein Angestelltendienstverhältnis besteht, und falls ja, welches Stundenausmaß gewünscht und für beide Seiten realistisch umzusetzen wäre.

Man kann das Ergebnis dieser Gespräche grob in drei Kategorien einteilen:
Zum einen gab es Kulturvermittlerinnen, die sich über die längst überfällige Anstellung freuten und ihr positiv entgegensahen. Das war der Großteil des Teams.

Dann gab es Kulturvermittlerinnen, die der Umstellung gegenüber noch skeptisch waren. Vor allem in Bezug auf den künftigen Verdienst gab es anfänglich Zweifel – der Bruttostundenlohn fällt auf den ersten Blick deutlich geringer aus als in einem freien Dienstverhältnis. Bei dieser schnellen Überschlagsrechnung wurde allerdings vergessen, dass bei freien Dienstverträgen fast ausschließlich die Interaktionszeit mit dem Publikum gezahlt wurde. Lernen, Vorbereiten und Besprechungen waren quasi in das höhere Stundenhonorar hineingerechnet, deckten die tatsächlichen Zeitaufwand aber selten ab.

Und schließlich gab es Kolleginnen, die die Vertragsumstellung nutzten, um sich beruflich neu zu orientieren. Im TMW waren das hauptsächlich jene Kulturvermittlerinnen, die immer unter der Geringfügigkeitsgrenze gearbeitet hatten. Eine Bedingung für den Abschluss eines Dienstvertrages war seitens der Personalverwaltung, dass alle Mitarbeiterinnen künftig über der Geringfügigkeitsgrenze arbeiten sollen. Diese Kolleginnen haben schließlich das TMW verlassen.

2. Planen, rechnen, tüfteln

„Die Welt ändert sich, die Zeit wechselt, darum ist es gehörig, dass auch die gesetzlichen Ordnungen verändert werden."

Lü Bu We, Politiker und Philosoph

Die Organisationsberaterin Annette Jagla beschreibt Change-Prozesse mit einem Drei-Phasen-Modell, das man auch als Vermittlungsmethode gut kennt:

Auftauen – Bewegen – Stabilisieren
- Auftauen: Die aktuelle Situation analysieren
- Bewegen: Wie kann es anders aussehen? Was wollen wir verändern?
- Stabilisieren: Gemeinsam im flow arbeiten

Diese drei Phasen durchlief auch der Prozess der Vertragsumstellung im TMW.
Die größte Umstellung stellt die neue Vertragsform dar. Diese neuen Rahmenbedingungen verändern die tägliche Zusammenarbeit der Abteilung und haben Auswirkungen auf die gesamte Kulturinstitution. Im folgenden Kapitel sind die wichtigsten Änderungen im Detail beschrieben.

Neben all den strukturellen Planungen bietet eine solche Vertrags-Veränderung auch die Möglichkeit zu hinterfragen, was hier passiert und wie es sein soll.

Ein spannender, facettenreicher Prozess beginnt!

2.1 Zuallererst kommt der Vertrag

Vertrag kommt von sich vertragen. Die Basis dafür sind faire Verträge für alle Mitarbeiterinnen.
Wichtig hierbei: Gleiches Geld für gleiche Arbeit. In einem Team sollte von einem einheitlichen Grundgehalt ausgegangen werden. Erst im Zuge der Personalentwicklungsstufen kann dieses Gehalt angehoben werden. Jede Änderung in Bezug auf eine Mitarbeiterin muss nicht nur mit der betreffenden Kulturvermittlerin besprochen werden, sondern auch nachvollziehbar für alle Teammitglieder kommuniziert werden.
Von der Teamleitung ist Transparenz gegenüber den Kolleginnen besonders wichtig, um den Grundstein für eine vertrauensvolle Umgebung zu schaffen. Alle Teammitglieder müssen über Rechte, Pflichten und Zuständigkeiten informiert werden. Zudem muss regelmäßig die Möglichkeit gegeben sein, Unklarheiten direkt ansprechen zu können.

Seit langem wird an einem allgemein gültigen Kollektivvertrag für die Bundesmuseen gearbeitet, der die vielen Betriebsvereinbarungen der einzelnen Häuser ablösen soll. Kulturvermittlerinnen sollen in diesem Kollektivvertrag nicht schlechter gestellt werden als andere Mitarbeiterinnen der Kultureinrichtung. Mitarbeiterinnen dieser Abteilung müssen gut im Haus verankert sein, sie sind die persönliche Visitenkarte des Hauses.

Für Personalverwaltungen, die „Standard-Anstellungen" mit Arbeitszeiten von Montag bis Freitag gewohnt sind, können Dienstpläne, die sich nach den Buchungen richten müssen und somit niemals kontinuierlich aussehen, ungewohnt sein.

Deswegen ist unbedingt vorab zu klären und zu überlegen, wie die Bedürfnisse der Vermittlungsabteilung mit dem Arbeitszeitgesetz vereinbar sind. Der Betriebsrat ist für diese Überlegungen ein wichtiger Ansprechpartner, da er vor allem die Rechte der Dienstnehmerinnen im Auge hat.

2.1.1 Das Angestelltenverhältnis im Überblick

Eine Kulturvermittlerin bekommt einen Angestelltendienstvertrag.
Im Folgenden ein detailliertes Beispiel des Vertrag-Umfangs:

Vertragspartner:

Der Vertrag wird zwischen „Arbeitgeber-Institution XXX" und „Arbeitnehmerin XXX" ab dem _____ (Datum) geschlossen. Die Rechtsbeziehung der beiden Vertragspartner richtet sich nach dem Angestelltengesetz in der jeweils gültigen Fassung.

Dauer des Vertrages:

Beginn des Vertrags und ggf. Befristungen, z.B. dass der erste Monat ein Probemonat ist.
Wird das Arbeitsverhältnis über die Probezeit hinaus fortgesetzt, ist es auf die Dauer von weiteren .____ Monaten befristet. Ist der Grund für die Einstellung z.B. eine Karenzvertretung, ist die Dauer der Befristung nach der Probezeit automatisch die Dauer der Karenzzeit. Auch während einer entsprechend langen Befristung (nach aktueller Regelung mindestens fünf Monate) kann das Arbeitsverhältnis von beiden Vertragspartnern unter Einhaltung der gesetzlichen Fristen jeweils zum Monatsletzten gekündigt werden.

Rechtlicher Tipp: aufeinander folgende, befristete Angestelltendienstverträge ohne entsprechende sachliche Begründung werden als „Kettendienstverträge" gewertet und vor dem Gesetz wie ein durchlaufendes, unbefristetes Arbeitsverhältnis behandelt.

Dienstverwendung:

Abteilung und Aufgaben der Mitarbeiterin, z.B.: Abteilung Kulturvermittlung, Kulturvermittlerin.
Passus: Dem Arbeitgeber bleibt vorbehalten, die Dienstnehmerin auch in anderen Bereichen einzusetzen. Gewöhnlicher Dienstort XXX. Die Arbeitnehmerin ist verpflichtet, jedem anderen Dienstort in XXX zuzustimmen. Andere Wechsel der Dienstorte sind nur zulässig, wenn die dadurch entstehenden Mehraufwendungen gesondert vergütet werden. Die Arbeitnehmerin ist verpflichtet, auf dienstlichen Auftrag hin Dienstreisen zu unternehmen.

Entgelt:

Die Arbeitnehmerin erhält ein monatliches Bruttogehalt in Höhe von EUR XXX,– (in Worten: XXX Euro). Die Arbeitnehmerin erhält darüber hinaus Sonderzahlungen in Höhe des Monatsgehalts, die jeweils mit Auszahlung des Monatsbezuges vom Juni bzw. November fällig werden. Sollte das Dienstverhältnis nicht über das gesamte Kalenderjahr andauern, werden diese Sonderzahlungen entsprechend aliquotiert.

Arbeitszeit:

Die wöchentliche Normalarbeitszeit ist mit durchschnittlich XXX Wochenstunden vereinbart und nach Maßgabe des jeweils für einen Monat im Voraus vereinbarten festgelegten Dienstplanes zu erbringen (auch Samstags-, Sonntags- und Feiertagsdienste). Es erfolgt eine flexible Verteilung unter Berücksichtigung sowohl der dienstlichen Erfordernisse, als auch der persönlichen Möglichkeiten und Interessenlage. Kommt es hinsichtlich der Dienstplaneinteilung zu keiner Einigung, ist dem Dienstgeber die Einteilung unter Beachtung des § 19c Abs. 2 AZG vorbehalten.

Es wird vereinbart, dass eine Diensteinteilung an max. 5 Tagen pro Kalenderwoche stattfinden wird.

Der Arbeitnehmerin ist bewusst, dass die Anforderungen ihrer Tätigkeit einen möglichst flexiblen Arbeitszeiteinsatz gebieten. Infolge ihres Einverständnisses bleibt daher dem Dienstgeber die Änderung der Arbeitszeiteinteilung unter Beachtung der arbeitszeitrechtlichen Grenzen und Beschränkungen jederzeit vorbehalten.

Sollte die Arbeitnehmerin im Zuge ihrer beruflichen Tätigkeit Mehrleistungen erbringen, hat die Arbeitnehmerin dies dem Arbeitgeber schriftlich bei sonstigem Verfall binnen drei Monaten mitzuteilen. Solche Überstunden bedürfen grundsätzlich der vorherigen Genehmigung durch die Vorgesetzte. Kann diese Zustimmung vor Erbringung der Überstunden ohne wirtschaftlichen Schaden für das Institut nicht eingeholt werden, ist die Zustimmung umgehend nach Wegfall des Hindernisses bei sonstigem Verfall eines Anspruches auf Mehrleistungen nachzuholen.

Werden Überstunden (über eine Wochendienstzeit von 40 Stunden hinausgehende Zeit) geleistet, gebührt grundsätzlich ein Zuschlag in Höhe von 50%. Überstunden, die zwischen 22.00 Uhr und 6.00 Uhr sowie an Sonn- und Feiertagen geleistet werden, begründen einen Überstundenzuschlag in Höhe von 100%. Mehrleistungen und Überstunden sind grundsätzlich durch Zeitausgleich zu verbrauchen.

Urlaub:

Das Ausmaß des jährlichen Erholungsurlaubes richtet sich nach den Bestimmungen des österreichischen Urlaubsgesetzes in seiner jeweils gültigen Fassung. Der Urlaub ist grundsätzlich im Urlaubsjahr zu verbrauchen.

Es wird vereinbart, dass Urlaubswünsche ehestmöglich, jedenfalls aber vor Erstellung des Dienstplanes für den betreffenden Monat dem Dienstgeber vorgelegt werden. Eine Hortung von Urlaubsansprüchen widerspricht dem Urlaubsgesetz. Die Arbeitnehmerin wird darauf achten, eine solche Hortung zu verhindern.

Beendigung:

Beide Vertragspartner sind berechtigt, das Arbeitsverhältnis unter Einhaltung der gesetzlichen Kündigungsfristen des Angestelltengesetzes jeweils zum Monatsletzten zu kündigen. Wenn die Arbeitnehmerin ohne wichtigen Grund vorzeitig austritt oder wenn sie ein Verschulden an der vorzeitigen Entlassung trifft, steht dem Institut ein Anspruch auf Ersatz des verursachten Schadens zu, ohne dass ein Entgeltanspruch begründet wird, der bei einer ordnungsgemäßen Beendigung des Arbeitsverhältnisses unter Einhaltung der gesetzlichen und vertraglichen Fristen angefallen wäre.

Sonstiges:

Mitarbeiterinnenvorsorgekasse, Krankenstand und andere Dienstverhinderungen, Verschwiegenheits-verpflichtung, Konkurrenzverbot, Verfall von Ansprüchen etc.

Stellen- und Funktionsbeschreibung

Um die Positionen im Betrieb transparent zu verankern, ist eine Stellenbeschreibung sinnvoll.

Eine Stellenbeschreibung für eine Kulturvermittlerin könnte wie folgt aussehen:

• Bezeichnung der Stelle / Funktion:

KULTURVERMITTLERIN; Abteilung Kulturvermittlung

Name, Geburtsdatum, im Institut seit

• Tätigkeiten-Katalog:

KULTURVERMITTLUNG

Zielgruppengerechte Durchführung der Vermittlungsangebote des Museums; Vor- und Nachbereitung der

Vermittlungen; Erlernen und Vertiefen der Inhalte; Recherche und Verschriftlichung der Inhalte

BÜRO- UND ORGANISATORISCHE TÄTIGKEITEN

Teilnahme an Besprechungen; Mitwirkung an Projekten der Abteilung; Materialwartungen

Zielsetzung des Arbeitsplatzes, Kurzbeschreibung des Aufgabengebietes:

Zielgruppengerechte Durchführung der Vermittlungsangebote des Museums

• Funktionsbezeichnung der direkten Vorgesetzten (keine Namen):

Abteilungsleitung; Teamleitung

• Vertretungen:

Die Kulturvermittlerin wird durch Kolleginnen aus dem Kulturvermittlerinnen-Team vertreten.

Erteilte Vollmachten und Berechtigungen:

z.B. Kostenstellenvertretungen

• Erforderliche Qualifikation:

Fachkompetenz

Studium oder Ausbildung oder Berufserfahrung in den Bereichen XXX; Berufserfahrung im Bereich der

Kulturvermittlung; Erfahrung im Umgang mit Kinder- und Jugendgruppen

Anforderungen

Kunden- und zielgruppenorientiertes Auftreten; hohe Organisationskompetenz; hohe soziale Kompetenz

(Kommunikations- und Konfliktlösungsfähigkeiten, Teamfähigkeit); lösungsorientiertes, praktisches

Handeln und Flexibilität; kreative Prozessfindung; hohe Verlässlichkeit und Selbstständigkeit; kompetentes,

selbstsicheres Auftreten; laute, deutliche Aussprache; gute Computer-Kenntnisse; gute Englisch-Kenntnisse;

weitere Sprachen von Vorteil

Kommt eine neue Kollegin ins Team, sind noch vor dem ersten Arbeitstag der neuen Kulturvermittlerin

einige Dinge zu erledigen:

- Vertrag vorbereiten
- Computer-Benutzerinnen-Oberfläche, E-Mail-Adresse, ggf. auch Telefondurchwahl anlegen
- Mitarbeiterinnen-Ausweis anfordern
- (Elektronischer) Schlüssel zu allen wichtigen Räumen anfordern
- ggf. Text und Foto für die Team-Website einholen
- die neue Kulturvermittlerin in der Datenbank anlegen und mit den Formaten verknüpfen

- Verfügbarkeiten des ersten Monats rechtzeitig eruieren
- Alle direkten Schnittstellen des Kulturvermittlungs-Teams werden informiert, Kassa, Information, Aufsicht, Portier etc. erhalten eine aktuelle Kontaktliste.

2.1.2 Vermitteln bedeutet mehr als Gruppen führen

Um zu ermitteln, wie viele Stunden im Team gesamt benötigt und somit vergeben werden können, muss zuerst eine genaue Bedarfserhebung durchgeführt werden.[2]

Zuerst wird der Ressourcen-Bedarf an Vermittlungsstunden errechnet. Mit den Vermittlungen alleine ist es aber nicht getan. Das Kulturvermittlungs-Team recherchiert laufend Inhalte, erstellt und überarbeitet Konzepte, wartet das Material, setzt neue Projekte um und vieles mehr. Besprochen und geplant muss das Ganze auch noch werden. Für diese organisatorischen Tätigkeiten brauchen alle Mitarbeiterinnen Bürozeit. Um diese Zeiten langfristig einheitlich zu regeln, wird ein Stundenschlüssel errechnet. Mitarbeiterinnen mit geringem Gesamt-Stundenausmaß sind kaum bis gar nicht für Recherche- und Konzeptarbeit eingeplant. Vollzeitmitarbeiterinnen hingegen verbringen die Hälfte ihrer Zeit im Büro und übernehmen wichtige Aufgaben der Abteilung und die andere Hälfte der Arbeitszeit wird der Interaktion mit den BesucherInnen im Museum gewidmet.

Natürlich können Aufgaben und Schwerpunkte von Mitarbeiterin zu Mitarbeiterin variieren. Deswegen sollte der Stundenschlüssel zwar möglichst gleichförmig sein, kann in Einzelfällen aber persönlich angepasst werden.

Jeder Kulturvermittlerin ist ihre persönliche Stundenaufteilung mitzuteilen inklusive einer Erklärung was automatisch hineingerechnet wird und was ggf. extra besprochen werden muss.

PRAXISBEISPIEL AUS DEM TMW: Stundenaufteilung zwischen Vermittlungs- und Bürotätigkeit

10 WOCHENSTUNDEN-VERTRAG:

Büro 20%

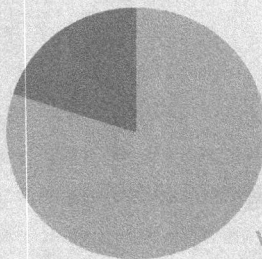

Vermittlung 80%

20 WOCHENSTUNDEN-VERTRAG:

Büro 30%

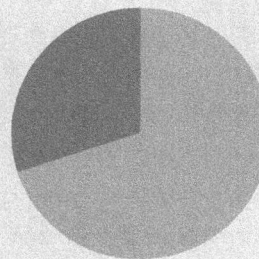

Vermittlung 70%

30 WOCHENSTUNDEN-VERTRAG:

Büro 40%

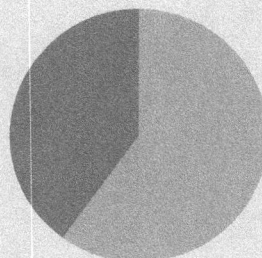

Vermittlung 60%

40 WOCHENSTUNDEN-VERTRAG:

Büro 50%

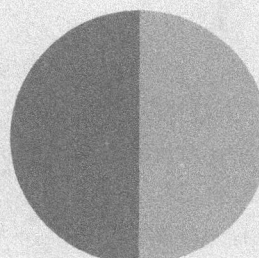

Vermittlung 50%

Richtlinie der Stundenaufteilung zwischen Büro- und Vermittlungszeit je nach Stundenausmaß

---

[2] Siehe auch Kapitel 2.2 „Wissen was läuft – den Ist-Zustand erheben" und „ Realistisch budgetieren – Auf zur Finanzplanung!"

PRAXISBEISPIEL AUS DEM TMW: Kommunikation des Stundenschlüssels

Um unser Stundenkontingent in der Abteilung optimal zu nutzen und auch für dich Transparenz zu schaffen, hier dein persönlicher Stundenschlüssel: Du hast eine 40 Stunden-Woche. Deine 40 Wochenstunden teilen sich in 20 Vermittlungsstunden und 20 Bürostunden. Die Zeit, in der deine Anwesenheit angerechnet wird, ist zwischen 07:00–19:00 Uhr. Anwesenheiten außerhalb dieses zeitlichen Rahmens sind unbedingt rechtzeitig vorab genehmigen zu lassen.

Zu den Vermittlungsstunden zählen alle Führungen, Workshops, Aktionstage etc. und deren direkte Vor- und Nachbereitung.
Führungen werden mit rund XX Minuten gerechnet; Workshops mit XXX Minuten.
Damit sind sämtliche dafür notwendigen Vorbereitungen (Herrichten, Inhalte wiederholen etc.) abgedeckt.
Alle möglicherweise darüber hinausgehenden Vorbereitungen müssen extra abgesprochen werden.

Zu den Bürostunden zählen alle Besprechungen, Konzeptarbeiten, Lernen für Vermittlungs-Überprüfungen, Mithilfe in der Abteilung etc.

Projektarbeiten werden immer mit der Projektleitung abgesprochen. Bitte komm selbstständig auf die Projektleitung bzw. Teamleitung zu, falls das Projekt dein Stundenkontingent überschreitet, damit gemeinsam rechtzeitig nach einer Lösung gesucht werden kann.

Wir bemühen uns, deinen Dienstplan entsprechend diesem Stundenschlüssel zu gestalten. Natürlich werden einmal mehr und einmal weniger gebuchte Führungen anfallen. Bitte achte selbstständig auf deine Stunden und kontrolliere regelmäßig deine Mehr- oder Minusstunden sowie dein Urlaubsguthaben.

RECHEN-BEISPIEL: Ressourcenplanung Kulturvermittlerinnen-Arbeitszeit

Eine Abteilung hat 10 Kulturvermittlerinnen mit jeweils 20 Wochenstunden. Schnell gerechnet würde das 200 Arbeitsstunden pro Woche ergeben und bei 52 Kalenderwochen erhält man 10.400 Stunden gesamt im Jahr. Das ergäbe rund 28,5 Arbeitsstunden pro Tag, die der Abteilung zur Verfügung stehen.Nach der obigen Stundenverteilung von 14 Vermittlungsstunden und 6 Bürostunden bei einem Vertrag im Ausmaß von 20 Wochenstunden hätte die Abteilung täglich ein Kontingent von 20 Vermittlungsstunden und 8 Bürostunden im gesamten Vermittlungs-Team zum Erbringen der Vermittlungs-Tätigkeiten.

Hier wurde leider einiges vergessen. So ist keine Mitarbeiterin immer da:
- 5 Urlaubswochen bzw. 100 Stunden bei einer 20 Stunden-Anstellung einer Kulturvermittlerin (200 Stunden bei einer Vollzeit-Anstellung)
- ca. 10 Feiertage, die auf Arbeitstage fallen
- durchschnittlich 10 Tage Krankenstand
- ca. 4 Tage Dienstverhinderungen (Sonderurlaub, Behördenwege usw.)

Diese Rechnung ergibt, dass jede Mitarbeiterin nicht 52 Wochen im Jahr arbeitet, sondern durchschnittlich ca. 42,5 Wochen pro Jahr. Trotzdem findet an allen Tagen (ausgenommen Schließtage) Programm statt.

Es muss neu gerechnet werden:
10 Mitarbeiterinnen mit 20 Wochenstunden ergeben 200 Wochenarbeitsstunden.
200 Arbeitsstunden pro Woche multipliziert mit 42,5 Arbeitswochen ergibt 8.500 Stunden im Jahr.

8.500 Arbeitsstunden im Jahr dividiert durch 52 Kalenderwochen ergeben 163,5 Stunden pro Woche. Der Abteilung stehen pro Woche nicht die angenommenen 200 Arbeitsstunden zur Verfügung, sondern nur rund 164 Stunden. Umgerechnet auf die Vermittlungsstunden bedeutet das, dass der Abteilung rund 16,5 Stunden insgesamt für Vermittlungen zur Verfügung stehen und das Team pro Tag rund 6 Stunden Bürozeit erbringt. Ein beträchtlicher Unterschied in der Planung! Für die Kalkulation des Stundenpools muss also errechnet werden, wie viele Stunden pro Tag insgesamt verfügbar sind und wie viele Vermittlungsstunden für die tatsächliche oder gewünschte Auslastung benötigt werden.

Und die Kernfrage: Wie sollen diese Stunden am besten verteilt und genutzt werden?

2.1.3 Durchrechnungszeitraum und Arbeitszeit

In der Kulturvermittlungs-Branche mit ausgeprägten saisonalen Schwankungen können stark gebuchte Zeiten mit schwächer ausgelasteten Phasen abgefangen werden. Genauso wird versucht das vertragliche Wochenstundenausmaß zwar bestmöglich einzuhalten, allerdings erfolgt die Einteilung aufgrund der Buchungslage, die über den Zeitraum eines Durchrechnungszeitraumes deutlich variieren kann. So kann z.B. in einem Monat nach drei intensiven Wochen eine Woche mit Zeitausgleich folgen. Es gibt Zeiten mit sehr starker Auslastung und schon vorausgeplanten Mehrstunden sowie Phasen, in denen fast das gesamte Team auf Urlaub und in Zeitausgleich gehen kann (z.B. zwischen zwei Produktionen).

Die tägliche Arbeitszeit darf von Gesetz her zehn Stunden am Stück nicht überschreiten, der Dienstplan sollte jedoch nicht mehr als acht Stunden pro Tag vorsehen. Die Arbeitszeit von Kulturvermittlerinnen richtet sich nach den Öffnungszeiten des Hauses. Dabei zählen alle Wochentage gleich, d.h. Wochenenden werden nicht anders berechnet oder bezahlt als Werktage von Montag bis Freitag. Feiertage gelten selbstverständlich für alle Mitarbeiterinnen. Bei der Einteilung an gesetzlichen Feiertagen sind 100% Feiertagsarbeitsentgelts zu verrechnen. In den Kulturvermittlerinnen-Verträgen wird das Stundenausmaß der Anstellung gleichmäßig auf alle sieben Wochentage aufgerechnet, da man vor der Dienstplan-Einteilung nicht weiß, an welchen Tagen die Mitarbeiterinnen im Haus sein werden und sich die Vermittlerinnen ihre Bürozeiten flexibel einteilen können.

Zusammengefasst gelten folgende Arbeitszeitregelungen:
- Höchstarbeitszeit bis zu zehn Stunden pro Tag und fünfzig Stunden pro Woche (Soll: maximal acht Stunden pro Tag und vierzig Stunden pro Woche)
- Maximal fünf Tage pro Woche
- Mindestens zwei Wochenenden pro Monat frei (je nach Betriebsvereinbarung)
- Elf Stunden tägliche Ruhezeit
- 36 Wochenruhestunden
- Die Lage der fiktiven Normalarbeitszeit richtet sich grundsätzlich nach den Öffnungszeiten der Institution.

Können diese Richtlinien über einen längeren Zeitraum nicht eingehalten werden, sind eventuell genügend Stunden, aber zu wenige Mitarbeiterinnen im Team oder es wird vielleicht nicht optimal gebucht. Wenn beim Buchungsvorgang nicht alle Parameter berücksichtigt werden, können die Vermittlungsstunden-Ressourcen nicht ideal verteilt werden.

Urlaub

Ein Vorteil der Angestelltendienstverträge gegenüber freien Dienstverträgen ist die gemeinsame Abstimmung des Urlaubs bzw. der Abwesenheiten. Zum einen hat die Arbeitnehmerin durch die Anstellung Anspruch auf den gesetzlichen Urlaub, zum anderen kann nun die Arbeitgeberin diesen gemeinsam mit der Dienstnehmerin planen und so gewährleisten, dass z.B. der Abteilung in der Hochsaison alle Kräfte zur Verfügung stehen. Es ist sowohl die Pflicht der einzelnen Mitarbeiterin darauf zu achten, die Urlaubstage während eines Jahres zu verbrauchen, als auch der Institution der Mitarbeiterin Möglichkeit zu geben, diesen abzubauen und daran zu erinnern, dass der Urlaub auch verbraucht werden soll. Eine Ansammlung von Urlaubstagen über mehrere Jahre schadet einem Betrieb, da diese Urlaubstage als Rückstellung in der Bilanz der Institution berücksichtigt werden müssen. Grundsätzlich verjährt der Urlaubsanspruch nach Ablauf von zwei Jahren ab dem Ende des Urlaubsjahres, in dem er entstanden ist, um das Horten von Urlaub zu verhindern.

Besonders Mitarbeiterinnen mit geringem Stundenausmaß sind gefährdet, den Urlaub zu horten, da ihre wenigen Dienststunden oft kompakt geleistet werden und zwischen den Diensten ohnehin lange Pausen entstehen können. Wenn diese Mitarbeiterinnen zusätzlich zu ihrem vorgesehenen Dienstplan für Kolleginnen im Krankenstand einspringen, können Mehrstunden entstehen, die wiederum mit Zeitausgleich abgebaut werden müssen. Hier ist von der Teamleitung ein gutes Ressourcenmanagement gefragt: Buchungslage, Hoch- und Nebensaison sowie das unterschiedliche Ausmaß der Wochenstunden der Teammitglieder müssen im Auge behalten werden.

Im Kulturvermittlungs-Angestelltendienstvertrag empfiehlt es sich, den Urlaub anstatt in Tagen in ihren Stundenwert umzurechnen, um der dienstplangebundenen Einteilung Rechnung zu tragen.

2.2 Wissen, was läuft – den Ist-Zustand erheben

Bevor mit der Umsetzung der Maßnahmen begonnen werden kann, muss erst der Stand der Dinge erhoben werden – und zwar so genau wie möglich. Manche Bereiche hat man gut im Gefühl und liegt mit der Schätzung ziemlich richtig. Es wird aber sicher Bereiche geben, bei denen man sich ohne genaue Rechnung verkalkuliert. Schon kleine Fehler in der Kalkulation rächen sich im Laufe eines Jahres gewaltig. Aus ein paar Minusstunden wird ein Berg, der nicht abgebaut werden kann, oder umgekehrt, die Mitarbeiterinnen müssen ständig viel mehr arbeiten, als ursprünglich vereinbart war. Eventuell kann die Abteilung der Nachfrage an Vermittlungen nicht mehr nachkommen, weil sie nicht genügend Kräfte zur Verfügung hat.

Verwaltung, Verträge und Budgets erlauben kein „Verschätzen". Die Ressourcen später zu verändern ist ein mühsamer Prozess. Deswegen gilt es von Anfang an, so gut wie möglich zu planen und vor allem mit dem Team zu reden und gut zuzuhören.

2.2.1 Welche Vermittlungen stehen am Programm?

Zuerst gilt es, sich die Zahlen und Fakten der vergangenen Jahre anzusehen und Tendenzen abzuleiten.
- Welche Vermittlungen werden aktuell am Haus angeboten?
- Wann wird mehr Personal benötigt, wann weniger?

- Wie ist die Auslastung des aktuellen Jahres, und gibt es Tendenzen und Vergleiche zu den Vorjahren?
- Wie stark wird eine erfolgreiche Ausstellung gebucht?
- Wann sind Hoch- und Nebensaisonen?
- Wer sind die Zielgruppen der Institution und wann kommen diese Zielgruppen ins Haus?
  (Z.B: Familien kommen vorwiegend am Wochenende, Schulklassen vormittags, Firmen abends.)
- Welche Tageszeiten, Wochentage oder Monate sind besonders beliebt, welche werden schwächer gebucht?

Man kann z.B. eine einfache Grafik erstellen, in der man jede Buchung mit der Mitarbeiterinnenanzahl dieses Kalendertages zusammenzählt.

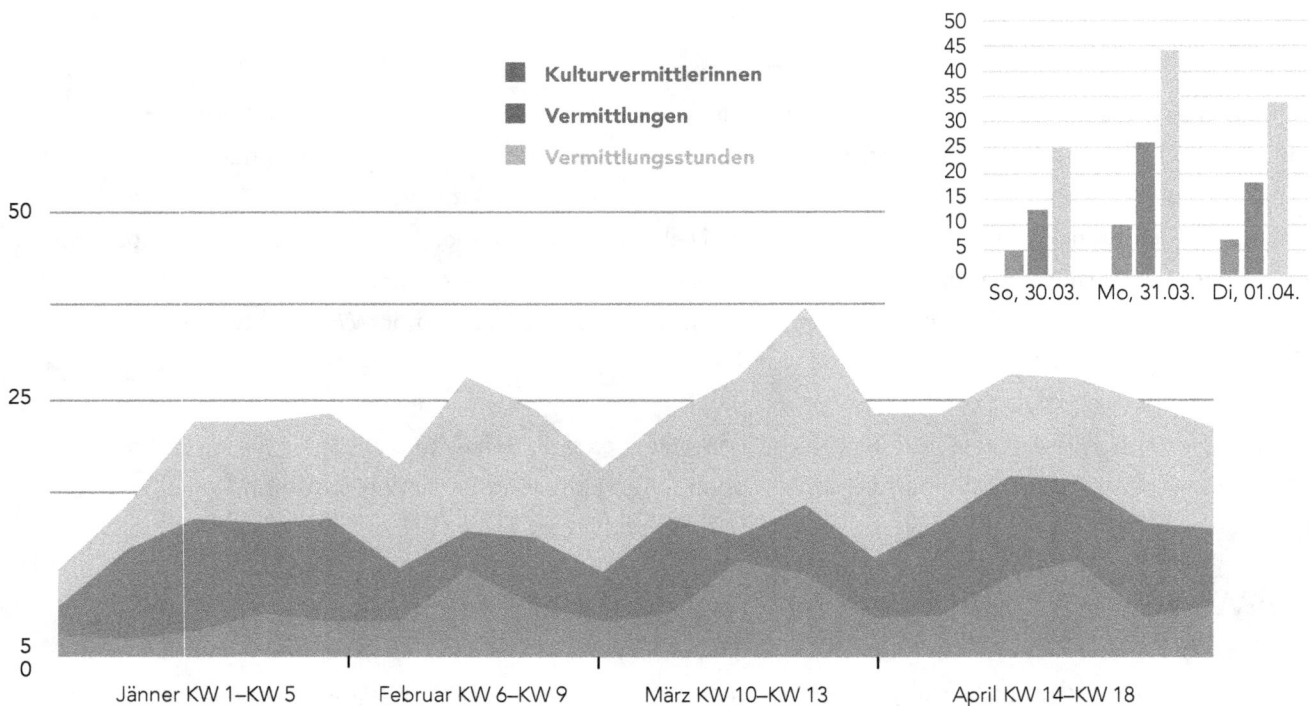

Beispiel: Auslastung der Vermittlungen, Vermittlungsstunden und Kulturvermittlerinnen

Wie viele Kulturvermittlerinnen waren gleichzeitig nötig, um die Buchungen jedes einzelnen Tages abzudecken?
Und die entscheidende Frage: Soll es künftig so bleiben, oder soll etwas verändert werden?
Sollen künftig mehr oder weniger personelle Vermittlungen am Haus durchgeführt werden?
Werden personalintensivere, längere Interaktionen fokussiert, oder wird es vermehrt kürzere Impuls-Vorträge geben?
Was spricht die Zielgruppen des Hauses an?
Muss es künftig vielleicht mehr Personal geben, um diesen Anforderungen gerecht zu werden?

Für die Organisation sind möglichst gleichförmige Formate am übersichtlichsten für alle Beteiligten zu organisieren und im Endeffekt auch für den Kunden am transparentesten. Zum Beispiel haben alle Führungen die gleiche Dauer und einen einheitlichen Preis. Es sollte nicht zu viele verschiedene zeitliche Formate und Preise geben. Neu geschriebene Vermittlungskonzepte sollten in eines der schon am Haus etablierten Formate passen.

Einmal pro Jahr sollte das Angebot kritisch in den Blick genommen werden.

- Welche Vermittlungen wurden in der vergangenen Saison nicht gebucht?
- Welche waren schwierig zu organisieren?
- Kann man das Angebot der beliebten Vermittlungen weiter ausbauen?

PRAXISBEISPIEL AUS DEM TMW: Vermittlungs-Format-Analyse

Die Analyse umfasst eine genaue Erhebung sämtlicher Vermittlungen, die aktuell für alle Zielgruppen durchgeführt und angeboten werden inklusive Personal- und Raumbedarf.

Titel		DIE INDUSTRIELLE REVOLUTION		ACHTUNG, STRENG GEHEIM	
Format		Themen-Führung		Kindergeburtstags-Workshop	
Dauer		50 Min.		120 Min.	
Zusätzliche Zeiten	Vorbereitung	10 Min.		30 Min.	
	Nachbereitung	0 Min.		30 Min.	
Personalbedarf		1 MA		2 MA	
Stundenbedarf gesamt		**60 Min.**		**360 Min.**	
TeilnehmerInnen-Anzahl	Min Max	15 TN 28 TN		15 TN	
Kosten	pro Person	EUR 3,-	ab 15 TN		
	pauschal	EUR 45,-	unter 15 TN	EUR 250,-	bis 15 TN
Buchung	Gruppen:	Führungs-Slots	Online, Telefon, Mail	Geburtstags-Slots	Online, Telefon, Mail
	Einzelteilnehmerinnen:	Öffentliche Termine	Onlinebuchung	nicht möglich	
Zielgruppe		7.–13.Schulstufe, Erwachsene		7–10 Jahre	
Sprachen		Deutsch / Englisch		Deutsch / Englisch	
Ausstellungsbereiche		Energie / Schwerindustrie		Verkehr / Alltagstechnik	
Raumbedarf				Gruppenraum / Partyraum	
Statistik	Buchungen 2013	32		72	
	TN-Anzahl 2013	560		1100	
	Durchschnitl. Auslastung	17,5		15,3	

Beispiel einer Vermittlungs-Format-Analyse

Nun geht es um die Feinplanung in der Umsetzung:

- Welche Formate werden besonders oft gebucht?
- Zu welchen Tageszeiten, Wochentagen werden sie angefragt?
- Welche Vermittlungen können parallel abgehalten werden, welche behindern einander?
- Wird ein bestimmtes Equipment zur Durchführung benötigt?
- Wenn ja, in welcher Zahl ist diese Equipment-Ausstattung vorhanden (z.B. Materialkoffer, Tablets)?

Aus diesen Fakten – vor allem den Personal- und Raumbedarf – kann die maximale Auslastungskapazität herausgelesen werden. Kann eine bessere Auslastung des Ablaufs erreicht werden, wenn die Uhrzeiten, an denen die Vermittlung angeboten wird, geändert werden bzw. wenn fixe Uhrzeiten für ein Format eingeführt werden?

ARBEITSBEISPIEL: Bedarfsplanung einer Vermittlung

Ein Workshop braucht zwei Kulturvermittlerinnen. Die direkte Interaktion mit der Gruppe dauert zwei Stunden. Für den interaktiven Teil muss im Gruppenraum Material her- bzw. wieder weggeräumt werden, das benötigt jeweils eine halbe Stunde vor bzw. nach dem Workshop. D.h. insgesamt fallen dafür sechs Arbeitsstunden an, zwei Kulturvermittlerinnen sind gleichzeitig gebunden, der Gruppenraum ist belegt und sie halten sich in einem bestimmten Teil der Ausstellung auf.

- Was kann nun parallel dazu stattfinden?
- Wie hoch ist die Nachfrage?
- Wie viele Kulturvermittlerinnen gibt es im Team?
- Wie viele Wochenstunden haben diese Mitarbeiterinnen jeweils?
- Wie viel Personal steht für Vermittlungen gleichzeitig zur Verfügung?[3]

2.2.2 Wer arbeitet hier? Steckbrief: Kulturvermittlerin

Nun weiß man was geführt wird – aber wer führt hier die Vermittlungen durch, und welche Kompetenzen sind in der Abteilung vorhanden? Natürlich kennt die Teamleitung ihre Mitarbeiterinnen gut und führt mindestens einmal pro Jahr ein ausführliches Mitarbeiterinnen-Gespräch sowie täglich eine Reihe weiterer formeller und informeller Gespräche. Aber trotz allem vergisst man nach einer Weile, was diese Kollegin eigentlich mitgebracht hat, wie sie hierher gekommen ist, was sie sonst noch interessiert oder welche Jobs sie früher einmal gemacht hat. Bald nach der Aufnahme im Team ist sie ein Team-Mitglied, und man sieht sie vordergründig mit dem Auge der eigenen Institution und nach den aktuellen Aufgaben. Aber in jeder einzelnen Mitarbeiterin steckt mehr! Jede Kulturvermittlerin hat einen persönlichen Weg, der sie in diese Kultureinrichtung gebracht hat, und es gab ganz bestimmte Gründe, warum sie damals bei der Jobausschreibung eingestellt wurde. Dieses Potenzial darf man sich nicht leisten außer Acht zu lassen, will man seine Mitarbeiterinnen fördern und das beste Ergebnis für die Institution herausholen.

Deswegen sollte neben dem Mitarbeiterinnen-Gespräch, das ein Feedback- und Zielvereinbarungs- Gespräch ist, ein Steckbrief-Gespräch mit jeder Mitarbeiterin der Abteilung (Kulturvermittlungs-Team sowie Buchungscenter und Leitung) eingeführt werden. In diesem Gespräch stellt die Teamleitung gezielt Fragen zu Stärken und Kompetenzen und hört zu. Feedback und Zielvereinbarungen gibt es im Steckbrief-Gespräch nicht.

---

[3] Siehe Kapitel 2.1.2 „Vermitteln bedeutet mehr als Gruppen führen"

STECKBRIEF KULTURVERMITTLERIN

Name	Kulturvermittlerin X; KV.X
Im TMW seit	01.09.2008
Stundenausmaß	30 Wochenstunden

BACKGROUND

Ausbildung	Berufserfahrung
Studium Astronomie	Kindergarten / Hortbetreuung
SAE Tontechnik-Ausbildung	CD-Produktionen
Studium Kulturwissenschaften	Kompositionen
(Museums-)pädagogische Ausbildung	**Auslandsaufenthalt**
Inst. Freizeit.Päd. Experimente	Toronto, Kanada; Jän - Dez 2010
Sprech- und Moderationstrainings	

INHALTE

	Führe ich	Führe ich	Vertiefende Themen
Natur & Erkenntnis		✪	Tontechnik
Energie	✪		Dampfmaschinen
Schwerindustrie		✪	Strom, Sicherungen Haushalt
Schnittlok	✪		Luftschiffe, Luftfahrt
Hochspannung	○		Kommunikationstechnik, Computer
Bergwerk	○		
Eisenbahnen		✪	
Alltagstechnik		✪	
In Arbeit	✪		**Zielgruppen**
Mobilität	○		Volksschule
Musik	○		Unterstufe
medien.welten		✪	
aktuelle Sonderausstellung	○		**Sprachen für Vermittlungen**
Workshops; Kindergeburtstage	○		Englisch

ORGANISATION

Projektleitung	Projektmitarbeit	
Projektmitarbeit	Hereinspaziert	
SAE Tontechnik-Ausbildung	Erlebniscamp	
Organisationsaufgaben	**Konzepte**	
Audio-Equipment-Wartung	Camp In Überarbeitung	2012
EDV-Kustodin Kulturvermittlungs-Büros	Robotik-Workshop	2013

ZUSATZ

Netzwerke	Besondere Fähigkeiten und Interessen
FH St. Pölten	TMW-Haustechnik
Filmtechnik	Tontechnik
Verfahrenstechnik (Turbinen)	Videoschnitt-Programme, Animations-Programme
Jugendprojekt-Betreuung	Photoshop, Bildbearbeitung
	Elektrotechnik

Kulturvermittlerinnen-Steckbrief Beispiel aus dem TMW

Um vergleichbare Ergebnisse zu erhalten, ist es wichtig, sich bei den Gesprächen möglichst genau an einen einheitlichen Ablauf zu halten. Die zusammengeführten Informationen aus diesen Steckbriefen werden anschließend für zahlreiche Bereiche der Abteilung verwendet: Projektplanung, Weiterbildungsplan, Darstellung der Abteilung, Zusammenfassung der laufenden Tätigkeiten und Kenntnisse des Teams – ein Ist-Zustand der Abteilung in allen Aspekten.

Zum Personalblatt umgewandelt, dient der Steckbrief als nützlicher Leitfaden für Mitarbeiterinnen-Gespräche und Personalführung, da alle Informationen rasch und übersichtlich zur Hand sind.
Der Steckbrief gliedert sich nach folgenden Schwerpunkten:

- Basisinformationen: Name, Stundenausmaß, Einstellungsdatum
- Werdegang: Ausbildung, Auslandsaufenthalte, Berufserfahrung, Netzwerke
- Kompetenzen: Themen der Institution, Zielgruppen, Spezialgebiete, Sprachen, Fähigkeiten
- Tätigkeiten: Projektmitarbeit und -leitungen, Organisationsaufgaben, Konzepterstellungen
- Netzwerke: Kontakte zu anderen Instituten, Firmen, Partnern
- Anregungen: Ideen für Fortbildungen, Verbesserungsvorschläge zur internen Organisation

Der Interview-Bogen wird an die Bedürfnisse und Aufgaben jeder Institution und Abteilung angepasst.

Im blauen Bereich werden die Basis-Informationen zu einer Mitarbeiterin zusammengefasst, quasi ein Update aus Lebenslauf und Institutsinformationen. Auf einem Blick sieht man, seit wann eine Mitarbeiterin im Haus arbeitet, das aktuelle Beschäftigungsausmaß und den Werdegang in puncto Ausbildung und Beruf.

Die nächste Kategorie erfasst die Kompetenzen in den Ausstellungsbereichen, deswegen ist sie in erster Linie für die Kulturvermittlerinnen besonders relevant, für Mitarbeiterinnen des Buchungscenters bzw. der Leitung allerdings nur, falls sie Vermittlungen durchführen. Welche Ausstellungsbereiche beherrscht die Mitarbeiterin? In der Beispiels- Grafik ist Expertinnen-Wissen in den Sammlungsbereichen rot eingezeichnet, währenddessen Basis-Wissen zu einem Bereich schwarz markiert ist.

Da eine Ausstellung viele Themenbereiche und Schwerpunkte umfassen kann, werden Kompetenzen auf diesen „Spezialgebieten" nochmals zusammengefasst. Abgefragt werden überdies die Zielgruppen, für die die Kulturvermittlerin ein besonders gutes Know-how mitbringt, sowie die Sprachen, in denen sie tatsächlich eine Vermittlung durchführen kann. Hier ist eine ehrliche Selbsteinschätzung unbedingt notwendig. Es soll nicht überschwänglich alles aufgezählt werden, sondern immer mit dem Gedanken „Wenn nun diese Führung gebucht werden würde, ein bestimmter Fall eintreten würde – könnte ich diese Vermittlung durchführen?"

Diese Informationen übersichtlich und aktuell zur Hand zu haben ist besonders für zwei weitere Arbeitsfelder wichtig: Mithilfe dieser Daten wird die Dienstplan-Erstellung um ein Vielfaches erleichtert, da die tatsächlichen Kompetenzen des Teams aktuell zusammengefasst sind. Zum anderen können jene Kompetenzen, die besonders selten genannt wurden, in den Weiterbildungsplan aufgenommen werden.

Nach den Kompetenzen im Haus werden die organisatorischen Arbeiten zusammengetragen:

- Welche Projekte und Konzepte leitet eine Mitarbeiterin, bei welchen arbeitet sie mit?
- Welche laufenden Tätigkeiten werden übernommen?
- Welche Zuständigkeiten gibt es?

Außerdem wird eine Projekt-/Konzepthistorie zu jeder Mitarbeiterin angefertigt. Hier werden alle Konzepte und Projekte aufgelistet, an denen die Kollegin im Laufe ihrer Karriere am Institut mitgewirkt hat.

Aus der gesamten Abteilung zusammengetragen ergeben diese Informationen einen guten Überblick, woran gerade gearbeitet wird und an wen man sich bzgl. Informationen zu einem Konzept wenden muss. Die Projekt-Historie bietet eine besonders schöne Auflistung der Erfolge einer Mitarbeiterin. So wird nichts vergessen.

Für künftige Programme und Arbeiten werden die persönlichen Netzwerke gesammelt sowie Fähigkeiten und Interessen, die noch nicht in den oben genannten Kompetenzen aufgezählt wurden. Wer weiß schon, welche Aufgaben in naher Zukunft an die Abteilung herangetragen werden oder mit welchen Partner man im nächsten Projekt zusammenarbeitet? Hierzu ist es besonders interessant, auch über Kompetenzen und Interessen Bescheid zu wissen, die sich nicht in erster Linie in den Sammlungen des Hauses widerspiegeln.

Auch werden Anregungen in puncto Weiterbildungsmaßnahmen notiert und die Motivation am Berufsbild.

- Welche Aufgaben verfolgt aus deiner Sicht die Einrichtung, welche Aufgaben die Abteilung?
- Was bedeutet deine Arbeit für die Institution?
- Welche Ziele verfolgst du in Bezug auf das Publikum?
- Wo siehst du die größten Probleme in der Abteilung?
- Was würdest du ändern, wenn du uneingeschränkte Handlungsvielfalt hättest?

Jährlich wiederholt und aktualisiert kann man so eine Entwicklung der Abteilung nachlesen: Kompetenzzugewinn, Projekthistorie, Demographie etc.

PRAXISBEISPIEL AUS DEM TMW: Die Darstellung der Vermittlungsabteilung
Die Zusammenstellung des Kulturvermittlerinnen-Teams ist durchaus heterogen, wie man in der Grafik „Abteilungs-Darstellung TMW Wissensvermittlung" sieht: Manche Kolleginnen arbeiten bereits seit vielen Jahren am TMW, 2010 kam es durch Vertragsumstellung und 2013 durch (Bildungs-)Karenzen zu Änderungen in der Gruppe. Manche Kulturvermittlerinnen haben eine pädagogische Ausbildung, andere haben einen naturwissenschaftlich-technischen Hintergrund. Die Altersstruktur zeigt, dass sich das Team hauptsächlich aus Mitarbeiterinnen zwischen 25–40 Jahren zusammensetzt.

ABTEILUNG WISSENSVERMITTLUNG

im TMW seit

1990 ①

1991

1992

1993

1994

1995

1996 ①

1997

1998

1999 ①

2000 ①

2001 ②

2002

2003

2004 ①

2005

2006

2007 ①

2008 ① ① ①

2009 ②

2010 ⑦

2011 ①

2012

2013 ① ④ ①

2014 ③ ①

TEAM

4

6

16

8

BACKGROUND

Technik

Literatur u.
Publizistik

Natur-Wissenschaft

2 7

2

Tourismus ①

8

8 Geschichte

4

Kunst Pädagogik

2

Verwaltung

FRAUEN / MÄNNER

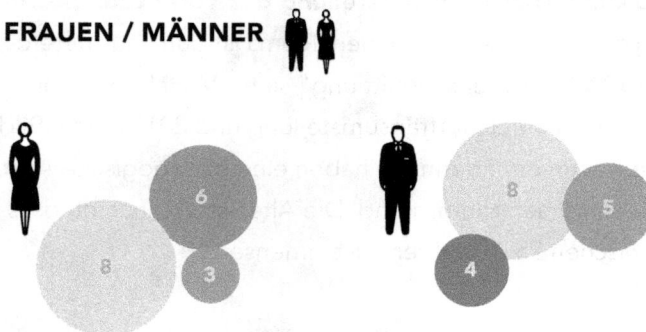

6

8 3

8

5

4

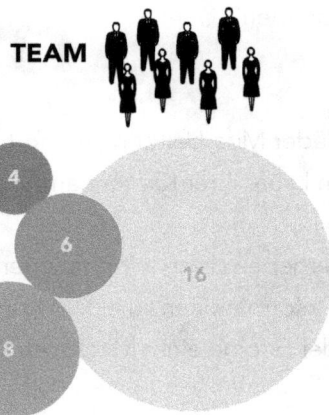

ALTERSSTRUKTUR

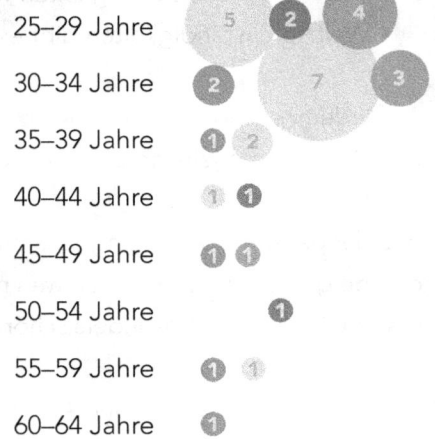

25–29 Jahre	5 2	4
30–34 Jahre	2 7	3
35–39 Jahre	① 2	
40–44 Jahre	① ①	
45–49 Jahre	① ①	
50–54 Jahre	①	
55–59 Jahre	① ①	
60–64 Jahre	①	

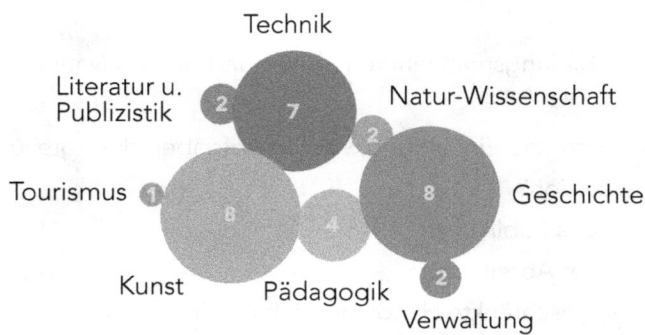

STUNDENAUSMASS

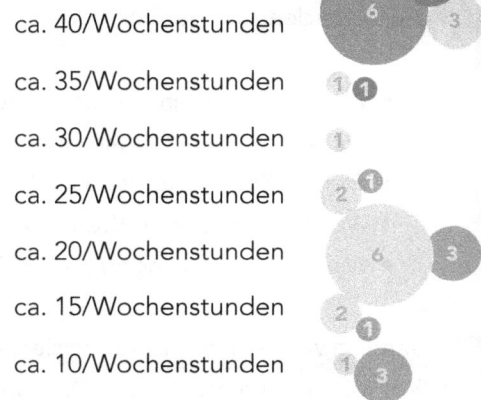

ca. 40/Wochenstunden	6 3 3
ca. 35/Wochenstunden	①①
ca. 30/Wochenstunden	①
ca. 25/Wochenstunden	2 ①
ca. 20/Wochenstunden	6 3
ca. 15/Wochenstunden	2 ①
ca. 10/Wochenstunden	① 3

Leitung &
Organisation

Kultur-
vermittlungs-Team

Tutorinnen-
Team

Hands-
On

TMW Wissensvermittlungs-Abteilung 2014

2.3 Realistisch budgetieren – auf zur Finanzplanung!

Kulturarbeit ist meist personalintensiv und selten kostendeckend. Das liegt nicht daran, dass hier nicht gut geplant oder gewirtschaftet wird, sondern dass Kultur nicht automatisiert werden kann. Ein Workshop kann nicht schneller oder mit weniger Mitarbeiterinnen durchgeführt werden, ohne an Qualität einzubüßen. Es geht immer um den Moment, um das Erlebnis, um das persönliche Erfahren der Besucherinnen.Sehr wohl kann man das „Drumherum" optimieren – also Abläufe effizienter gestalten, Dienstpläne struk-turieren, Mitarbeiterinnen schulen, Tätigkeiten ordnen. Interne Maßnahmen müssen gut geplant werden, da sie selbst finanziert werden müssen und sich erst auf lange Sicht rechnen. Sponsorengelder sind meist projektbezogen und decken nicht die laufenden Tätigkeiten ab.

Einnahmeträchtige Programme geben der Abteilung den nötigen Spielraum und das Entwicklungspotenzial um Neues zu entwickeln. Ziel ist, dass die eigene Zeit, die als Vorfinanzierung in ein Konzept oder Projekt investiert wird, später wieder erwirtschaftet wird.

PRAXIS-BEISPIEL AUS DEM TMW: Finanzen Wissensvermittlung 2012
Die Auswirkungen der Schulungen und vor allem der Organisationsmaßnahmen kann man im Abteilungsalltag deutlich spüren. So erspart die Transparenz von Abläufen und Verantwortungen sowie das rasche Wiederfinden von Informationen der gesamten Abteilung täglich wertvolle Arbeitszeit. Vor allem für Mitarbeiterinnen, die nicht Vollzeit arbeiten und somit nicht so häufig im Büro sind, helfen übersichtliche Strukturen in den Unterlagen und Zuständigkeiten, die Büroarbeitszeit effektiv zu nutzen. Mehr Selbstständigkeit aller Mitarbeiterinnen entlastet auch die Leitung und das Buchungscenter im Alltag. 2012 entfielen 7,46% des TMW-Jahresgesamtbudgets auf die Abteilung Wissensvermittlung. Damit waren alle Sach- und Personalkosten abgedeckt. Der Abteilung standen im Büro- und Kulturvermittlerinnen-Team insgesamt zur Abdeckung aller Aufgaben knapp 19.000 Arbeitsstunden im Jahr 2012 zur Verfügung (Urlaub, Feiertage, Krankenstände, Behördenwege etc. bereits abgerechnet). Die Abteilung verwendete diese Stunden im Durchschnitt zu 60 Prozent für die gebuchten Vermittlungen und zum anderen Teil für Konzepte, Projekte, Besprechungen und Schulungen.

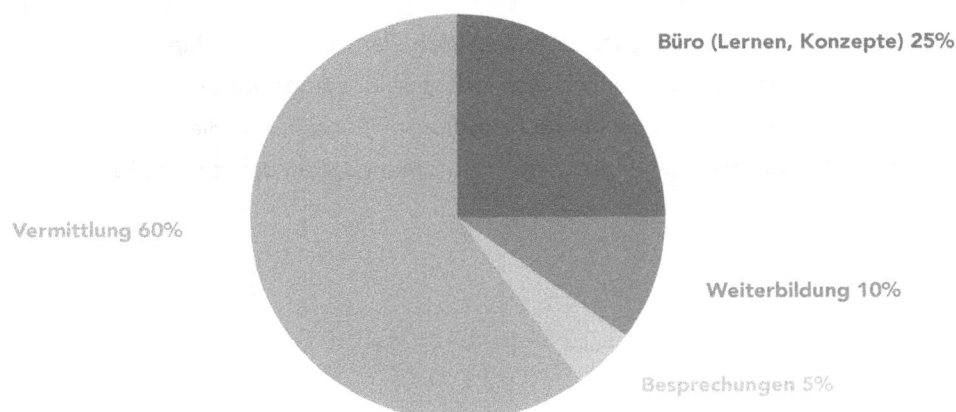

Büro (Lernen, Konzepte) 25%

Vermittlung 60%

Weiterbildung 10%

Besprechungen 5%

Verwendung der Arbeitszeit des Kulturvermittlungs-Teams; TMW Jahres-Durchschnitt 2013

Eine realistische Erhebung steht zu Beginn der Finanz-Planung:

Wie ist der Stand aller Personal- und Sachkosten der Abteilung für das aktuelle Budget-Jahr?
Um hier eine wahrheitsgetreue Aufstellung zu erhalten, müssen alle Personalkosten zusammengerechnet werden: unbefristet Angestellte, freie Dienstnehmerinnen, Mitarbeiterinnen mit Werksverträgen.

Auch wenn die Personalkosten an den meisten Häusern von der Personalverwaltung getragen werden, ist es sinnvoll zu überlegen, wie viele Arbeitsstunden der Abteilung zur Bewältigung aller anfallenden Aufgaben zur Verfügung stehen. Nur wenn das ernsthaft ausgerechnet wird, hat man Argumente in der Hand, die bei etwaigen Gehalts-, Stunden- oder Vertragsverhandlungen gegenüber der Geschäftsführung angeführt werden können. Die Vermittlungen zur nächsten Sonderausstellung können z.B. nur bestritten werden, wenn die Abteilung im benötigten Ausmaß mehr Stunden für diesen Zeitraum erhält.

Sachkosten sind meist leichter zu planen: Ausstattung aller Räume (Büros, Gruppenräume), Material für Vermittlungen, Medien und EDV-Ausstattung. Bei Sachkosten ist zwischen dauerhaften Anschaffungen und Verbrauchsmaterial zu unterscheiden.
Zudem gilt es, folgende Überlegungen anzustellen:

• Welche Weiterbildungskosten fallen in der Abteilung an?
• Wodurch kommt Geld herein? Erlöse der Abteilung, Basisabgeltung, Förderungen, Sponsoring, Kooperationen
• Was muss um dieses Geld geleistet werden?

Um bei den vielen Aufgabenfeldern der Abteilung nicht die Übersicht über die Finanzen zu verlieren, wird für jedes Projekt bzw. jedes Vermittlungsformat ein eigenes Budget (inkl. Kostenstelle und Kostenträger) angelegt, für das jeweils eine detaillierte Kostenaufstellung errechnet wird. So werden zum Beispiel alle Aufwendungen für die Durchführung von Kinder-Geburtstagspartys übersichtlich geordnet. Alle übergeordneten Anschaffungen und Kosten werden im allgemeinen Abteilungsbudget bzw. Büromittel-Budgettopf zusammengefasst. Ins Abteilungsbudget fallen z.B. auch die Weiterbildungskosten des Kulturvermittlungs-Teams. Auch die Ausstattung der Räume kann sinnvoll zusammengelegt werden.

Je nach Institution und Anspruchsgruppen kann neben den klassischen Finanzierungsmitteln auch Crowd-funding interessant sein. Mit einer solchen Aktion können z.B. Gruppenraum-Ausstattungen, Kinderbereiche oder andere attraktive Publikumsangebote mitfinanziert werden. Partizipation hat hier gleich einen zusätzlichen Wert: Stammkunden tragen persönlich dazu bei, dass das Angebot der Kultureinrichtung künftig noch abwechslungsreicher ist. Beide Seiten profitieren von dieser Finanzierung. Hier ist besonders wichtig, dass Anspruchsgruppe und Crowdfunding-Angebot gut zusammenpassen, um von Erfolg gekrönt zu sein.

2.3.1 Das Vermittlungsangebot auf dem finanziellen Prüfstand

Die Budgetplanung nochmals auf den Punkt gebracht:
- Was nehmen wir ein?
- Was geben wir aus?
- Wie können wir einnehmen, was wir ausgeben?

Die Informationen von allen Vermittlungen wurden für die Ist-Zustand-Erhebung bereits einheitlich erhoben, siehe Kapitel 2.2.1. „Welche Vermittlungen stehen am Programm?". Nun können daraus die tatsächlichen Kosten errechnet werden.

Wenn die Gesamtzeit einer Vermittlung (Durchführung inkl. Vor- und Nachbereitungszeit) mit der Anzahl der Mitarbeiterinnen und deren Stundenlohn inkl. Lohnnebenkosten multipliziert wird, erhält man die tatsächlichen Personalkosten einer Durchführung.
- Welche Kosten sind mit der Vermittlungsdurchführung noch verbunden?
- Wie hoch sind die Materialkosten der Vermittlung?
- Was musste an Infrastruktur zur Durchführung angeschafft werden (z.B. die Ausstattung des Workshop-Raumes, Medien-Ausstattung)?

Diese Infrastruktur-Kosten und die Arbeitszeit des Buchungscenters werden im entsprechenden Verhältnis auf die Vermittlungen umgerechnet ebenso wie Konzepterstellung und Schulungszeit des Teams. Bei der Erstellung von neuen Konzepten kann dieser Zeitbedarf genau erhoben werden und künftig als Referenzwert dienen. Bei Sonderausstellungen, bei denen ein ganzes Repertoire an neuen Vermittlungen geboten wird, sind diese Konzepterstellungs- und Schulungszeiten ein erheblicher Arbeitszeit-Faktor für das gesamte Team. Die Kosten für diese Vorarbeit müssen später wieder eingenommen werden.

Ideal ist, wenn in der Buchungs-Statistik die tatsächliche Publikums-Auslastung erfasst wird. Idealerweise für jede angebotene Vermittlung separat. Es hängt allerdings vom Kassensystem bzw. der verwendeten Datenbank ab, ob diese Daten erhoben werden können.

Nun können die tatsächliche Auslastung und die Einnahmen mit den Kosten verglichen werden, also einen Deckungsbeitrag errechnet werden. Deckungsbeitragsrechnungen werden zum einen erstellt, um den finanziellen Erfolg eines Programms zu messen, zum anderen, um eine kostendeckende Preiskalkulation des Vermittlungsprogramms zu erreichen. Auch bei Preisanpassungen wird das Instrument der Deckungsbeitragsrechnung herangezogen, wenn sich beispielsweise die hausinternen Parameter verändert haben. Ein Grund dafür ist die Indexanpassung der Gehälter bzw. Veränderungen der benötigten Kulturvermittlerinnen für ein bestimmtes Format.

- Welche Vermittlungen werfen Gewinn ab, welche Formate sind defizitär?
- Können die gut ausgelasteten Vermittlungen die personal-intensiveren Angebote finanzieren?
- Woran könnte es liegen, dass Vermittlungen schlecht gebucht oder schlecht ausgelastet sind?
- Passen Zielgruppe, Uhrzeit oder Dauer nicht zusammen oder wurde die Zielgruppe noch nicht auf das Programm aufmerksam?
- Was sind die Zugpferde des Vermittlungs-Repertoires? Soll oder kann dieses Angebot noch weiter ausgebaut werden?

Anhand dieser Fragen kann man sich einerseits durch das Vermittlungsrepertoire arbeiten und realistische Budget-Prognosen für das kommende Jahr erstellen, andererseits zeitgerecht auf finanzielle Ungleichgewichte aufmerksam werden und gegensteuern.

2.3.2 Auch der Rest ist nicht gratis

Eine Buchungsstatistik ist meist schnell zur Hand, manchmal sogar mit genauen Publikums-Auslastungszahlen. Somit hat man für einen gewissen Teil der Kulturvermittlung sofort schwarz auf weiß Zahlen zur Hand.

Allerdings ist es mit den durchgeführten Führungen alleine noch lange nicht getan. Die Konzepte müssen geschrieben, Buchungen durchgeführt, Personal geschult und organisiert werden – um nur die groben Punkte aufzuzählen. Genau diese Punkte kosten viel Zeit und sind nicht durch Einnahmen gedeckt.

Deswegen muss man genau hier ansetzen:
- Wie lange dauert die Konzepterstellung eines Projekts tatsächlich?
- Wie viele Personen sind in die Erstellung involviert?
- Wie viele Besprechungen und Recherchestunden werden benötigt?
- Wie lange dauert die Einschulung des Teams?
- Wer kümmert sich um die Bestellungen für das Workshop-Material?

Diese Zeitaufwand-Aufstellung sollte nicht nur in der Theorie – da geht einem alles viel schneller von der Hand –, sondern konkret bei einem aktuellen Konzept mitgeschrieben werden. Die benötigte Konzept-Arbeitszeit fällt zusätzlich zu den Durchführungskosten einer Vermittlung an und zählt zum erweiterten Deckungsbeitrag.

Für Projekte und Besprechungen gibt es eine Vielzahl an Web- und App-Lösungen. Manche sind aufwendig und verbrauchen für Datenbefüllung und Einschulung aller Teammitglieder mehr Zeit, als sie einsparen. Andere sind schnell und durchaus hilfreich. Einen überraschenden Effekt bieten z.B. Sitzungskosten-Apps, die die Besprechungsdauer mit dem anteiligen Gehalt aller Teilnehmerinnen multiplizieren. Vielleicht werden bei den hohen Kosten Besprechungen künftig besser vorbereitet oder genau überlegt, wer teilnehmen muss.

Trotz allem können in einem gemeinsamen, gut strukturierten Meeting viele Aktionen gesetzt werden und somit effektiver weitergearbeitet werden als in verzettelten Endlos-Mails ohne Ergebnis. To-Do-Listen, Protokolle und Zeitpläne, die für alle leicht zugänglich sind, sind dabei unabdingbar, egal ob diese nun mit schicken Web-Lösungen oder klassisch auf dem gemeinsamen Laufwerk umgesetzt werden.

Die Buchungsadministration ist ein weiterer Kostenfaktor für die Vermittlungen:
- Wie lange dauert ein Beratungsgespräch am Telefon bzw. eine Webanfrage?
- Wann ist das Buchungscenter besetzt?
- Wie kommen alle Mitarbeiterinnen zu den wichtigen Informationen einer Vermittlung?

Diese Liste lässt sich unendlich fortführen. Wichtig ist hier, sich bewusst zu machen – und auch tatsächlich in Zahlen aufzuschreiben –, wie lange gewisse Prozesse dauern, wer sie durchführt und wie viele Personen involviert sind, um sich anschließend der tatsächlichen Kosten bewusst zu werden.

Und hier geht es wiederum nicht um ein Kaputt-Sparen – im Gegenteil, es geht darum, mittels eines detaillierten Leistungsnachweises der Abteilung Zeit und Geld für zu erbringende Leistungen einzuplanen und budgetieren zu können.

2.4 Das Buchungscenter – Herzstück für ein volles Haus

Eine hundertprozentige Auslastung schafft ein Team nur in der Hochsaison. Ist das ganze Jahr über „Hochsaison" und die Mitarbeiterinnen werden ständig zu Mehrarbeit angehalten, schwindet die Motivation rapide, Krankenstände und somit Unterbesetzung können entstehen, die wiederum die Motivation sinken lassen – eine Abwärtsspirale!

Also gilt es vernünftig zu planen:
Mit welcher Auslastung macht das Team genau seine Vermittlungsstunden und hat im besten Fall noch einen geringen Puffer für Unerwartetes?
Oder von der anderen Seite her aufgerollt: Wie viele Mitarbeiterinnen braucht die Abteilung zur Bewältigung der maximalen Buchungsnachfragen? Das richtet sich nach der Hauspolitik.

Wieder zurück zur Frage: Was kann nun auf Dauer parallel stattfinden? [4]
Es bewährt sich, fixe Startzeiten für verschiedene Formate festzulegen. Alle einstündigen Führungen starten z.B. jeweils zur vollen Stunde. So überschneiden sich Vermittlungen nicht, und die Dienstnehmerinnen können für aufeinanderfolgende Vermittlungen eingeteilt werden.
Die Zeitfenster für mögliche Vermittlungen nennt man Slots. Für alle buchbaren Formate bzw. Vermittlungen werden Slots definiert, also Angebote, wann diese Vermittlungen gebucht werden können. So ergibt sich ein Slot-Raster, z.B. mit Angeboten für Schulen an Werktagen, Erwachsenenführungen nachmittags, Familienangebote am Wochenende und in den Schulferien.

Personalintensive oder raumgebundene Vermittlungen müssen zuerst berücksichtigt werden: Wann können diese Vermittlungen optimal stattfinden?

Aus der Vermittlungs-Analyse weiß das Buchungscenter, wie viele Vermittlungen welchen Formates parallel stattfinden können, siehe Kapitel 2.2.1 „ Welche Vermittlungen stehen am Programm?". Die Mitarbeiterinnen im Buchungscenter müssen besonders gute Kenntnisse über die Inhalte und die Bedingungen jedes Vermittlungsformates besitzen. Über Änderungen im Ablauf, Ausstellungsumbauten etc. müssen diese Mitarbeiterinnen frühzeitig informiert werden, um diese abgeänderten Bedingungen bei den Buchungen zu berücksichtigen und die Kundinnen bestens beraten zu können. Ziel ist es, die Auslastung über den Tag optimal zu verteilen, sodass die Kulturvermittlerinnen bestmöglich eingeteilt werden können.

Buchungsanfragen werden klassisch per Telefon oder Mail entgegengenommen oder können von den Kundinnen online vorgenommen werden, wenn Website und Buchungssoftware darauf ausgelegt und verknüpft sind. Online-Lösungen haben den Vorteil, dass die Kundinnen im Echtzeitsystem die freien Termine (Slots) sehen und direkt buchen können bzw. eine Buchungsreservierung vornehmen können. Generell ist bei Buchungen zwischen zwei Hauptanspruchsgruppen zu unterscheiden: Gruppenbuchungen und Einzelpersonen. Gruppen buchen meist einen gesonderten Termin zu einem Thema ihrer Wahl.

---

[4] Siehe Kapitel 2.2.1 „Welche Vermittlungen stehen am Programm?".

38

Mo–Fr

Mo–Fr		Vormittags					
	08.30	09.00	10.00	11.00	12.00	13.00	14.00
1.KV		Führungs-Slot	Führung (öffentl)	Führung (öffentl)	Führungs-Slot	Führungs-Slot	
2.KV		Führungs-Slot	Führungs-Slot	Führungs-Slot	Führungs-Slot	Führungs-Slot	
3.KV		Führungs-Slot	Führungs-Slot	Führungs-Slot	Führungs-Slot	Führungs-Slot	
4.KV	Vorbereitung	Workshop-Slot		Workshop-Slot		Nachbereitung	
5.KV	Vorbereitung					Nachbereitung	

		Nachmittags					
			14.00	15.00	16.00	17.00	18.00
1.KV			Führungs-Slot	Führungs-Slot	Führungs-Slot	Führungs-Slot	
2.KV			Führungs-Slot	Führungs-Slot	Führungs-Slot	Führungs-Slot	
3.KV			Vorbereitung	Workshop- /		Nachbereitung	
4.KV			Vorbereitung	Kindergeburtstag-Slot		Nachbereitung	

Sa, So

Sa, So		Vormittags					
	08.30	09.00	10.00	11.00	12.00	13.00	14.00
1.KV			Führungs-Slot	Führung (öffentl)	Führung (öffentl)	Führung (öffentl)	
2.KV			Vorbereitung	Workshop (öffentlich)		Vor- /Nachbereitung	
3.KV			Vorbereitung			Vor- /Nachbereitung	

		Nachmittags					
			14.00	15.00	16.00	17.00	18.00
1.KV			Führung (öffentl)	Führung (öffentl)	Führung (öffentl)	Führungs-Slot	
2.KV			Kindergeburtstag-Slot		Nachbereitung		
3.KV					Nachbereitung		

Feiertag

Feiertag		Vormittags					
	08.30	09.00	10.00	11.00	12.00	13.00	14.00
1.KV		Vorbereitung	Sonderprogramm				
2.KV		Vorbereitung					
3.KV		Vorbereitung					
4.KV				Führung (öffentl	Führung (öffentl	Führung (öffentl	
5.KV			Vorbereitung	Workshop (öffentlich)		Vor- /Nachbereitung	
6.KV			Vorbereitung			Vor- /Nachbereitung	

		Nachmittags					
			14.00	15.00	16.00	17.00	18.00
1.KV			Sonderprogramm			Nachbereitung	
2.KV						Nachbereitung	
3.KV						Nachbereitung	
4.KV			Führung (öffentl)	Führung (öffentl)	Führung (öffentl)		
5.KV			Workshop (öffentlich)		Nachbereitung		
6.KV					Nachbereitung		

KV: Kulturvermittlerin

Tagesraster mit Buchungsslots und öffentlichen Vermittlungen

Dazu stehen ihnen alle vorher definierten Slots zur Verfügung. Davon ausgenommen sind z.B. jene Vermittlungen, die außerhalb der Öffnungszeiten der Kultureinrichtung im Rahmen von Abendveranstaltungen o.Ä. stattfinden. Durch die bestätigte Buchung wird aus einem freien Zeitfenster ein fest gebuchter Termin, dem später bei der Dienstplan-Erstellung eine Kulturvermittlerin zugewiesen wird. Bleibt ein Zeitfenster frei und wird nicht gebucht, wird auch kein Personal benötigt.

Anders verhält es sich mit den Angeboten für Einzelbesucherinnen. Diese nutzen das vorgegebene Vermittlungsangebot des Hauses und buchen die gewünschte Anzahl an Plätzen in den feststehenden Vermittlungs-Veranstaltungen. Diese Termine finden meist auch bei geringer Auslastung statt, und ihnen wird im Vorfeld auf jeden Fall im Dienstplan Vermittlungspersonal zugewiesen. Hier kann sich die Teilnehmerinnenanzahl bis unmittelbar vor der Vermittlung verändern. Bei starker Nachfrage können noch weitere Termine hinzugefügt werden, wenn noch Personalressourcen zur Verfügung stehen.

Vor allem zur Abwicklung dieser Einzelbesucherinnen-Anfragen eignet sich eine Online-Buchungs-Software besonders, da die Kundinnen beim Besuch der Website gleich über die verfügbare Platzanzahl beim jeweiligen Termin informiert werden und ein Ticket buchen können. Online-Buchungen für Einzelteilnehmerinnen entlasten das Buchungscenter erheblich. Besonders ideal sind Lösungen, bei denen das Ticket gleich online vorab bezahlt werden muss, denn nicht alle Besucherinnen nehmen die Führung tatsächlich wahr, wenn der Platz nur reserviert worden ist. Bei sofortiger Bezahlung fallen diese spontanen Ausfälle großteils weg. Im Idealfall werden Buchungen in einer eigenen Buchungsdatenbank verwaltet und organisiert. Manche Häuser arbeiten aber auch mit dem Outlook-Kalender, Excel-Tabellen oder Open-office-Varianten.

Egal wie – eine einheitliche Erfassung der Buchungen (v.a. geregelte Uhrzeiten, Eckdaten), übersichtliche Anordnung, Planbarkeit und transparente Kommunikation im Team sind Mindestanforderungen an das Buchungssystem, sodass alle Mitarbeiterinnen rasch die notwendigen Daten zur Hand haben und keine wichtigen Informationen übersehen werden. Zwischen Buchungscenter, Vermittlungs-Team und Verwaltung muss abgeklärt werden, welche Informationen unbedingt erfasst werden müssen. So brauchen die Kulturvermittlerinnen andere Informationen zur Gruppe als die Kolleginnen der Verwaltung oder an der Kassa, wie z.B. welche Schulstufe, Hinweise zur Klasse oder besondere Themenwünsche.

2.4.1 Wann werden Buchungen durchgeführt?

Damit ist nicht nur gemeint, wann die Telefonleitungen offen sind und E-Mail- oder Webanfragen beantwortet werden. Es handelt sich auch um eine Jahres-Dienst-Planung. Für die Dienstplan-Einteilung muss die Buchungs-Annahme zu einem bestimmten Zeitpunkt geschlossen bzw. es kann nur noch in Einzelfällen hinzugebucht werden. Genauso wie zu kurzfristige Buchungen können auch zu langfristige hinderlich sein. Vielleicht wird ein Programm abgesetzt, eine Ausstellung umgebaut, ein wichtiges Highlight-Objekt verliehen, oder eine Großveranstaltung findet gleichzeitig statt. All diese Gründe können zur Beeinträchtigung oder im schlimmsten Fall zur Verhinderung der lange im Voraus gebuchten Vermittlungen führen.

Um einen solchen Fall zu vermeiden, sollte eine zeitliche Einschränkung der Buchungen für die kommenden Monate bestimmt werden. Maximal ein halbes Jahr oder neun Monate im Voraus können Buchungen getätigt werden. Soweit sind Sonderveranstaltungen, Ausstellungen, Leihgaben und Programmgestaltungen meist vom Haus schon geplant.

2.4.2 Zeit, das Vermittlungsprogramm aufzuräumen

Programme, die kaum nachgefragt werden, trotzdem aber im Angebot bleiben, sind aus mehreren Gründen schwierig. Besonders ins Gewicht fällt, dass sich die Kulturvermittlerinnen zur Wiederholung der Inhalte immer neu einlesen müssen, oder eventuell nur einzelne Mitarbeiterinnen das Format beherrschen. Deswegen sollte das gesamte Vermittlungsprogramm regelmäßig auf folgende Fragen hin durchgesehen werden:

- Welche Formate können tatsächlich angeboten werden?
- Wofür besteht Nachfrage?
- Rechnet sich der erhöhte Aufwand für die Wiederholung der Inhalte selten gebuchter Formate?
- Könnten diese Arbeitsstunden des Wiedereinlernens effektiver für die Durchführung von beliebten Vermittlungen genutzt werden?

Manche Vermittlungen erfüllen selbstverständlich einen speziellen Bildungsauftrag und spielen somit trotz allem eine wichtige Rolle im Vermittlungsangebot der Institution. Allerdings sollten diese „Ausnahmen" auf ein Minimum reduziert werden, damit nicht allzu viele wertvolle Ressourcen der Abteilung für „Sonderwünsche" aufgebracht werden müssen.

2.4.3 Sonst noch Wünsche?

Sonderwünsche sind „Wünsche". Die Kundin wünscht sich etwas, das nicht im regulären Angebot ist. Das bedeutet, dass für die Durchführung dieser Vermittlung ein teilweise erheblicher Mehraufwand anfällt. Konzepte müssen adaptiert, Fachwissen nochmals vertieft oder Inhalte neu zusammengestellt werden. Bei Spezial-Anfragen von Expertinnen sollte eruiert werden, ob eine Kulturvermittlerin oder eher eine Kuratorin für dieses Ansuchen am besten geeignet ist.

Meistens jedoch entstehen diese Wünsche aus Unwissenheit über das ohnehin angebotene Programm. Hier darf das Buchungscenter die Anfragen mit entsprechender Beratung in den vorgegebenen Rahmen unterbringen, also eine passende Vermittlung aus dem bestehenden Repertoire empfehlen oder zu normierten Führungsuhrzeiten anbieten. Vor allem in der Hochsaison entsteht sonst durch solche Anliegen ein enormer zusätzlicher Arbeitsaufwand, der durch keine Mehreinnahmen abgedeckt werden kann.

2.4.4 Eröffnungen, Pressekonferenzen, Familientage, Firmenevents ... – Es ist viel los im Haus!

Wenn große Sonderveranstaltungen angesetzt sind, ist zu prüfen, was parallel dazu noch stattfinden kann. Wie viele Kulturvermittlerinnen sind für das Vermittlungsprogramm der Veranstaltung eingeplant? Wie viel Publikum wird erwartet? Wenn es im Haus z.B. wegen einer Pressekonferenz, einer Eröffnung oder einer Schulveranstaltung nur so wimmelt oder umfangreiche Aufbauten im Gange sind, sind gleichzeitige Vermittlungen in bestimmten Bereichen des Hauses nicht möglich oder ev. gar keine Vermittlungen gleichzeitig durchführbar. Alle Veranstaltungen, die die Vermittlungsarbeit beeinträchtigen, müssen im Abteilungskalender eingetragen werden und ebenfalls in der Buchungssoftware erfasst werden, sodass diese Termine in der oft hektischen Buchungsarbeit nicht übersehen werden können.

Wird mit einer obengenannten Online-Buchungs-Software gearbeitet, müssen für den Zeitraum der Beeinträchtigungen die verfügbaren Slots überprüft und ggf. von der Website entfernt werden. Eine Person aus der Abteilungsleitung oder dem Buchungscenter sollte als Kommunikationsschnittstelle definiert werden, bei der die Termine für alle internen sowie eingemieteten Veranstaltungen zusammenlaufen.

Zu Sonderveranstaltungen zählen auch personalintensive Abendveranstaltungen. Mitarbeiterinnen dürfen grundsätzlich nicht länger als maximal zehn Stunden täglich arbeiten und müssen die entsprechende Ruhezeit einhalten.[5] Somit beeinträchtigen Veranstaltungen, die bis spät in die Nacht Kulturvermittlerinnen benötigen, auch die Buchungen für den nächsten Tag. Dieser Effekt kann aber leicht mittels gestaffelter Preisgestaltung gesteuert werden. So sollte z.B. für Nachtführungen ab einer bestimmten Uhrzeit entsprechend dem Mehraufwand, z.B. durch den durch Ruhezeit entstehenden Verdienstentgang am nächsten Tag, der Preis kalkuliert werden.

2.5 Das große Dienstplan-Sudoku

Die Buchungen für den kommenden Monat wurden durchgeführt. Nun gilt es, die passenden Kultur-vermittlerinnen zuzuordnen und alle wichtigen Informationen an das Team weiterzuleiten.
Wonach richtet sich der Dienstplan, und wie erfolgt die Einteilung?

Anders als bei freien Dienstverträgen werden nun nicht mehr einzelne Vermittlungen verteilt, sondern ein langfristiger Dienstplan für einen ganzen Monat auf einmal erstellt. So können Dienst- und Freizeit der Mitarbeiterinnen besser geplant werden. Wie im Kapitel 2.4 „Das Buchungscenter – Herzstück für ein volles Haus" beschrieben, muss zum Zeitpunkt der Dienstplan-Erstellung die Buchung für den entsprechenden Zeitraum großteils abgeschlossen sein. Ein zu kurzfristig erstellter Dienstplan hilft niemanden; sowohl Buchungscenter als auch Kulturvermittlerinnen haben Stress durch Änderungen in letzter Minute bei Buchungen und Verfügbarkeiten.

Gesetzlich muss eine Mitarbeiterin zwei Wochen vorab über die Dienstzeiten informiert werden. Ein Monats-Dienstplan muss somit Mitte des Vormonats verschickt werden. Kurzfristige Änderungen im Dienstplan, z.B. zusätzliches Übernehmen einer weiteren Vermittlung, müssen vorher mit der jeweiligen Kulturvermittlerin abgeklärt werden. Kann und möchte (!) diese Mitarbeiterin die Führung noch zusätzlich zum bereits fixierten Dienstplan übernehmen?

2.5.1 Die Spielregeln für den Dienstplan

Was kommt im nächsten Monat auf die Abteilung zu, und woher kommen die relevanten Informationen? Manche Informationen variieren von Monat zu Monat. Die aktuelle Buchungslage und Mehr- bzw. Minusstunden der Mitarbeiterinnen müssen monatlich neu erhoben werden. Andere Eckpunkte, wie z.B. Fachgebiete und Vorlieben, sind stabilere Werte und werden zweimal jährlich mittels Steckbrief bzw. Mitarbeiterinnen-Gespräch erfasst und auf den neuesten Stand gebracht.
Folgende Informationen benötigt man vor der Dienstplan-Erstellung:

---

[5] Siehe Kapitel 2.1.3 „Durchrechnungszeitraum und Arbeitszeit"

- Buchungen mit allen Informationen
- Besonderheiten: Feiertage, Sonderveranstaltungen des Hauses
- Verfügbare Vermittlungsstunden pro Mitarbeiterin generell (Stundenausmaß gemäß Vertrag minus Bürotätigkeits-Stunden)
- Verfügbare Vermittlungsstunden pro Mitarbeiterin für den kommenden Monat (geplante Urlaubstage, aktuelle Mehr- oder Minusstunden)
- Verfügbarkeiten pro Tag im Team-Anwesenheit der Mitarbeiterinnen, Projekttermine u.Ä.
- Fachgebiete (Inhalte, Zielgruppen) der Mitarbeiterinnen
- Nicht zuletzt – Vorlieben: Wer führt welche Vermittlung gern, welche Mitarbeiterinnen arbeiten besonders gern zusammen etc.

Vermittlungsstunden und Stundenausmaß der Kulturvermittlerinnen:

In manchen Institutionen sind die Verträge und Wochenstunden der Kulturvermittlerinnen immer gleichbleibend. Am TMW wird das Stundenausmaß der Kulturvermittlerinnen durch Projektfinanzierung und Sponsoring immer wieder angepasst und befristet angehoben. Für die Diensteinteilung muss jeweils mit dem Stundenausmaß des kommenden Monats gerechnet werden. Zusätzlich werden die Mehr- oder Minusstunden jeder Mitarbeiterin erhoben bzw. soweit möglich vorab berechnet. Als Ausgangsbasis für die nun bevorstehende Diensteinteilung schätzt man ab, inwiefern durch die schon bestehende Einteilung des laufenden Monats und den aktuellen Zeitsaldos die Stunden der Mitarbeiterin anwachsen oder reduziert werden. Wichtig überdies: Plant eine Mitarbeiterin Urlaub oder Zeitausgleich im kommenden Intervall? Zeitausgleich baut Stunden ab, durch Urlaubstage können bei schlechter Planung sogar Mehrstunden entstehen. Die Mitarbeiterin wird entsprechend dem Urlaubsabbau weniger eingeteilt.

Wer kann wann: Die Verfügbarkeit der Mitarbeiterinnen pro Tag

Alle Kulturvermittlerinnen tragen bis zu einem Stichtag (z.B. den 10. des Vormonats) ihre Verfügbarkeit für den kommenden Monat in eine Liste ein. Je einfacher diese gestaltet ist, desto effektiver für alle. Anbei ein Beispiel für eine ganz einfache Verfügbarkeitsliste: Grün = verfügbar, Rot = nicht verfügbar. Es werden nur ganze oder halbe Tage angeführt, sonst wird es in einem großen Team zu unübersichtlich und unbrauchbar. Um alle Vermittlungen zuteilen zu können, müssen Kulturvermittlerinnen mehr als ihr jeweiliges Stundenausmaß zur Einteilung bekanntgeben. Denn sonst passiert z.B. Folgendes:

ARBEITSBEISPIEL: Verfügbarkeit und Dienstplan-Einteilung einer Kulturvermittlerin
Mitarbeiterin Andrea hat eine Wochenarbeitszeit im Ausmaß von zehn Stunden. Würde sie ihre Verfügbarkeit konsequent Woche für Woche wie folgt eintragen: Mo, 09:00–14:00 Uhr und Mi 13:00–18:00 Uhr und nichts weiter, kommt es bald zu einem Engpass. Ziemlich sicher passen die bestehenden Buchungen nicht mit der von Andrea angegebenen Verfügbarkeit zusammen.
Man könnte in diesem Fall Andrea gar nicht so einteilen, dass sie ihre Vermittlungsstunden erbringen kann.

Es ist von beiden Seiten Entgegenkommen und Vertrauen notwendig. Die Mitarbeiterin gibt alle Zeiten bekannt, an denen es ihr tatsächlich möglich ist, im kommenden Intervall zu arbeiten. Der Dienstplan wiederum wird so erstellt, dass die Kulturvermittlerin durch die erfolgte Einteilung optimal ihre Vermittlungsstunden erbringen kann – nicht mehr und nicht weniger.

Schritt 1:

Verfügbarkeitsliste leer

MAI	Di	Mi	Do	Fr	Sa	So	Mo	Di	Mi	Do	Fr	Sa	So	Mo	Di ...
	1	2	3	4	5	6	7	8	9	10	11	12	13	14	15 ...
KV A															
KV B															
KV C															
KV D															
KV E															
KV F															
KV G															
KV H															
KV I															
KV J															

Schritt 2:

Kulturvermittlerinnen (KV) geben ihre Verfügbarkeiten bekannt;

Verfügbar; Nicht verfügbar; Vormittags verfügbar (vm); Nachmittags verfügbar (nm)

MAI	Di	Mi	Do	Fr	Sa	So	Mo	Di	Mi	Do	Fr	Sa	So	Mo	Di ...
	1	2	3	4	5	6	7	8	9	10	11	12	13	14	15 ...
KV A															
KV B															
KV C															
KV D		nm							vm					nm	
KV E															
KV F															
KV G															
KV H															
KV I															
KV J		vm		nm					vm						

Schritt 1:

Nach der Einteilung: Eingeteilt (x); Urlaub (U), Zeitausgleich (ZA)

MAI	Di	Mi	Do	Fr	Sa	So	Mo	Di	Mi	Do	Fr	Sa	So	Mo	Di ...
	1	2	3	4	5	6	7	8	9	10	11	12	13	14	15 ...
KV A		x	x	x			x	x	x	x	x			x	
KV B		x	x		x		x			x		x			
KV C			U	U	U	U	x							x	
KV D		nm			x		x		vm					nm	
KV E	x		x			x	x	x				x		x	
KV F				x			x				x			x	
KV G		ZA	ZA	ZA	ZA	x	x		x			x			
KV H	U	U	U	U	U	x	x			x	x	x		x	
KV I	x	x	x		x					x	x	x		x	
KV J		vm	x	nm			x		vm				x	U	

Verfügbarkeitsliste des Kulturvermittlungs-Teams zur Dienstplan-Erstellung in drei Schritten

Leider gibt es jeden Monat und in jedem Dienstplan einzelne verhexte Tage, an denen alle Welt geplant hat, die Institution zu besuchen, wenige Kulturvermittlerinnen Zeit haben oder wichtige Projekttermine stattfinden. Hier gilt es, rechtzeitig alle Beteiligten ins Boot zu holen: Kann eine Besprechung eventuell verschoben werden? Hat vielleicht doch noch jemand Zeit? Durch rechtzeitige Planung – bei diesem Dienstplan-Modell mindestens zwei Wochen vorab – können viele Engpässe rechtzeitig identifiziert und entschärft werden. Je größer ein Team ist, desto flexibler und beweglicher sind die Möglichkeiten.

In den Hochsaisonen kann man vorausplanend einteilen: Mitarbeiterinnen mit hoher Wochenstunden-Beschäftigung werden als Springerin zu einem Bereitschaftsdienst vor Ort eingeplant. Das geht natürlich nur in den allerturbulentesten Wochen (z.B. vor Schulschluss oder bei Ausstellungseröffnungen). Sollte spontan jemand ausfallen oder zusätzlich eine besonders wichtige Führung hereinkommen, kann hier schnell reagiert werden. Ansonsten verbringen sie den Bereitschaftsdienst im Publikumsbetrieb und informieren und helfen vor Ort.

2.5.2 Ein Zug nach dem anderen – die Einteilung

Worauf muss bei der Einteilung der Mitarbeiterinnen geachtet werden?
Ein großer Unterschied zu einem Team mit freien Dienstnehmerinnen ist der vorgegebene Dienstplan. Freie Kulturvermittlerinnen können sich an den meisten Häusern ihre Dienste in einem gewissen Ausmaß zusammenstellen, d.h. sie können bei Anfragen zur Übernahme von Vermittlungen zustimmen oder nicht. Ein Team mit Angestelltendienstverträgen benötigt einen vorgegebenen Dienstplan, der auch die gesetzlichen Vorgaben einhält und auf das jeweilige Stundenausmaß Rücksicht nimmt.

Neben den arbeitsrechtlichen Aspekten stehen vor allem die optimale Erbringung der Vermittlung für die Besucherinnen im Vordergrund sowie die persönlichen Vorlieben der Mitarbeiterinnen. Es gilt, ein gutes Gleichgewicht zwischen Pflicht und Kür für jede einzelne Kulturvermittlerin zu finden. Die Abwechslung zwischen Herausforderungen, Lieblingsvermittlungen sowie Klassikern macht die Würze der täglichen Arbeit. Wesentlich für die Einteilung sind neben der Verfügbarkeit die Fachgebiete und Zielgruppen der Kulturvermittlerinnen. Bei der Einteilung empfiehlt es sich, mit den personalintensiven Tagen bzw. Veranstaltungen zu beginnen. Allein durch diese Veranstaltungen können schon die Vermittlungsstunden von Kolleginnen mit geringem Wochenstundenausmaß verbraucht sein, und sie stehen für keine weiteren Vermittlungen zur Verfügung. Die nächste Hürde stellen die Wochenenden dar. Jede Kulturvermittlerin sollte zwei Wochenenden im Monat komplett frei haben. Besteht für die Wochenenden verstärkte Nachfrage an Vermittlungen, muss das Team auf jeden Fall entsprechend aufgestockt werden, um zu vermeiden, dass die Kulturvermittlerinnen an allen Wochenenden arbeiten müssen. Danach kann man sich den regulären Vermittlungen widmen und die restlichen Vermittlungsstunden nach den oben genannten Kriterien bestmöglich verteilen.

In der Regel werden an allen Tagen, an denen die Kultureinrichtung geöffnet ist, Vermittlungen durchgeführt und somit Kulturvermittlerinnen benötigt. Im Kulturvermittlerinnen-Dienstvertrag zählen alle Wochentage gleich. Wochenenden werden nicht anders berechnet oder bezahlt als Werktage von Montag bis Freitag.[6]

---

[6] Siehe Kapitel 2.1.3 „Durchrechnungszeitraum und Arbeitszeit"

Es ist gelungen – der Dienstplan ist erstellt!

Um Chaos zu vermeiden, sollte vor der Aussendung an die Kulturvermittlerinnen nochmals alles überprüft werden:

- Gibt es Überschneidungen bei einer Kulturvermittlerin?
- Wurde die vertragliche Wochenend- und Fünf-Tage-Regel eingehalten?
- Wie sieht die Auslastung jeder einzelnen Mitarbeiterin aus?
- Wurden alle Fachgebiete der Mitarbeiterinnen berücksichtigt?
- Wurden alle Kundenwünsche eingehalten?

Nach Überprüfung dieser Kriterien können die Dienstpläne verschickt werden.

ARBEITS-BEISPIEL: Zeitplanung der Dienstplan-Erstellung

Der Dienstplan für Mai soll erstellt werden.

31. März: Das Buchungscenter stellt die Verfügbarkeitsliste der Kulturvermittlerinnen für Mai auf ein gemeinsames Laufwerk. Anstatt fest an Kalendertagen festzuhalten, sollten angebrochene Wochen noch in der Planung mitberücksichtigt werden. Also wird ggf. nicht nur bis Mi, 31.Mai, geplant, sondern noch die ersten Junitage in die Dienstplanung mitgenommen, sodass die Woche abgeschlossen werden kann.

1. –10. April: Die Kulturvermittlerinnen tragen in der Verfügbarkeitsliste ein, wann sie im Mai arbeiten können. Parallel dazu werden noch Buchungen angenommen.

9. April: Das Buchungscenter überprüft die Mai-Buchungen: Gibt es noch Unklarheiten bei Buchungen, wie z.B.: Gruppengröße, Thema, Uhrzeiten? Diese Fakten werden ggf. noch abgeklärt.
Parallel dazu wird das Stundenausmaß jeder Kulturvermittlerin bis zum Ende der schon bestehenden April-Einteilung überschlagsmäßig kalkuliert.

11. April: Die Verfügbarkeitsliste wird geschlossen, alle Kulturvermittlerinnen haben ihre Zeiten eingetragen. Auch die Buchungen für Mai werden nun zumindest für den Zeitraum der Dienstplan-Erstellung eingestellt.

11. –13. April: Der Dienstplan wird erstellt.

14. April: Der Dienstplan wird nochmals dahingehend überprüft, ob alle Parameter eingehalten wurden.

15. April: Der Dienstplan wird an das Vermittlungs-Team ausgeschickt.

Sollte eine Kulturvermittlerin noch freie Vermittlungsstunden haben, können wieder Buchungen, die zu ihren Verfügbarkeiten und Kompetenzen passen, angenommen werden. Darüber muss die Kulturvermittlerin vorab informiert werden.

2.5.3 Irgendwas ist immer...

Es wäre zu schön, um wahr zu sein. Der fertige Dienstplan, mit dem man sich solche Mühe gegeben hat, wird von unvorhergesehenen Ereignissen torpediert und kann nicht eingehalten werden. Am einfachsten ist es die Dienste zu tauschen. Die Kolleginnen tauschen ihre Vermittlungen untereinander. Solange alle damit einverstanden sind, ist das weiter kein Problem. Wichtig ist, dass die Vermittlungen 1:1 bzgl. der Vermittlungsdauer getauscht werden, da sonst leicht ein Ungleichgewicht entstehen könnte. Die Kulturvermittlerinnen müssen selbst darauf achten, dass sie durch Tausch nicht an mehr als fünf Tagen pro Woche arbeiten. Stornos stellen eine weitere kurzfristige Änderung dar. In diesem Falle wird die Kulturvermittlerin informiert und kann diese Zeit entweder für Bürotätigkeiten nutzen oder Zeitausgleich abbauen. Falls sich aber eine erneute Buchung für diesen Termin ergibt und sich die vorab eingeteilte Mitarbeiterin für die Vermittlung eignet, wird die Kulturvermittlerin wieder aktiviert und übernimmt die neue Buchung.

Viel spannender sind kurzfristige Ereignisse, bei denen unerwartet mehr Personal benötigt wird als geplant. Krankenstände oder spontane VIP-Führungen stellen hier besondere Herausforderungen dar. In beiden Fällen muss oftmals sehr kurzfristig eine Lösung gefunden werden, und Kulturvermittlerinnen müssen spontan einspringen. Gebuchte Vermittlungen müssen auf jeden Fall stattfinden, und VIP-Gästen sagt man auch nur ungern ab. Auch hier zahlt sich ein gut geschultes und vor allem motiviertes Team aus, das auf ein reiches Repertoire an Notlösungen zurückgreifen kann. Die Teamleitung, das Buchungscenter und die Kulturvermittlerinnen ziehen alle an einem Strang, damit das Publikum im Idealfall vom plötzlichen Chaos hinter den Kulissen gar nichts mitbekommt.

Kulturvermittlerinnen mit freien Dienstverträgen verrechnen jede Vermittlung separat. Hier ist das Entgelt für übernommene Vermittlungen auf der monatlichen Honorarnote anzuführen. Bei Angestelltendienstverträgen zählt selbstverständlich jede Anwesenheit einer Mitarbeiterin im Haus. Spontane Notfälle können mittels einer Ruf-Bereitschaft abgefangen werden. Deshalb wird parallel zum Vermittlungs-Dienstplan ein Ruf-Bereitschaftsplan erstellt. Wird eine Kollegin krank, wird die Kulturvermittlerin in Rufbereitschaft über das Diensthandy angerufen, um die Vermittlungen zu übernehmen. Für die Rufbereitschaft erhält die Kulturvermittlerin eine Aufwandsentschädigung, unabhängig davon, ob sie tatsächlich angerufen wird oder nicht. Ein Team zeichnet sich darin aus füreinander einzustehen. Das gilt für alle Mitarbeiterinnen einer Abteilung. Alle leisten ihren Beitrag zum Gelingen der Abteilung.

2.6 Das große Ganze und all die Details

In der Kunst- und Kulturvermittlung ist immer eine Menge los. Tägliche Herausforderungen, wie Krankenstände, unerwarteter VIP-Besuch usw. lassen den Alltag nicht langweilig werden. Daneben fordern Projekte, neue Konzepte, Kooperationen, Rahmenprogramm für Ausstellungen, Bestellungen, Wartungen und Besucherinnen-Management alle Aufmerksamkeit.

Es ist nicht Ziel der Organisationsmaßnahmen beim persönlichen Erlebnis der Besucherinnen im Museum einzusparen. Hier soll Vermittlungsarbeit in hoher Qualität stattfinden. Für die Sicherung des anspruchsvollen Niveaus wird ein kompetentes Team zusammengestellt und laufend mit adäquaten Weiterbildungsmaßnahmen unterstützt. Das „Drumherum" – die Organisation der Abläufe und der Kommunikation, die Zusammenführung von Tätigkeiten und Prozessen – zu verbessern, erleichtert und verändert in einer großen Abteilung mit zahlreichen Handlungsbereichen den Arbeitsalltag um ein Vielfaches. Ziel ist ein effektiver Ressourceneinsatz, indem alle Potenziale der Abteilung optimal genutzt werden können. Um aktuell und im Alltag effizient zu bleiben, werden Abläufe und Informationen regelmäßig erneuert und transparent innerhalb der Abteilung und zu allen relevanten Schnittstellen kommuniziert. Im Endeffekt ersparen geordnete Abläufe zahlreiche kleine Umwege bei der täglichen Arbeit.

2.6.1 Hoch- und Nebensaison – die Jahresplanung

Die einzelnen Termine und Sonderveranstaltungen der Abteilung zusammenzufassen, aktuell zu halten und übersichtlich zu kommunizieren ist von grundlegender Bedeutung für die Jahresplanung. Hier muss vor allem auf terminliche Überschneidungen geachtet werden, da es sonst zu einem Personal- oder Raumengpass kommen kann. Die Veranstaltungen des Hauses sollten sich nicht durch Fehlplanung gegenseitig Konkurrenz machen. Mittels eines übersichtlichen Eventkalenders, der zu Projektbesprechungen mitgenommen wird, können Projekttermine, Veranstaltungen und Rahmenprogramm besser überblickt und aufeinander abgestimmt werden.

Nicht nur Termine von Projekten oder Sonder-Events werden hier zusammengefasst, sondern auch alle relevanten internen Termine, wie gemeinsame Team-Besprechungen oder Weiterbildungstermine.

Alle Veranstaltungen, bei denen (fast) das gesamte Team gebunden ist, müssen für Vermittlungs-Buchungen langfristig gesperrt werden. Durch die langfristige Terminplanung können die Urlaube der Abteilung besser disponiert werden. Bevor Urlaubsanträge genehmigt werden, wird zuerst überprüft, welche Kolleginnen zu dem gewünschten Zeitraum bereits verhindert sind und wie viele Mitarbeiterinnen zur Bewältigung der Aufgaben benötigt werden.

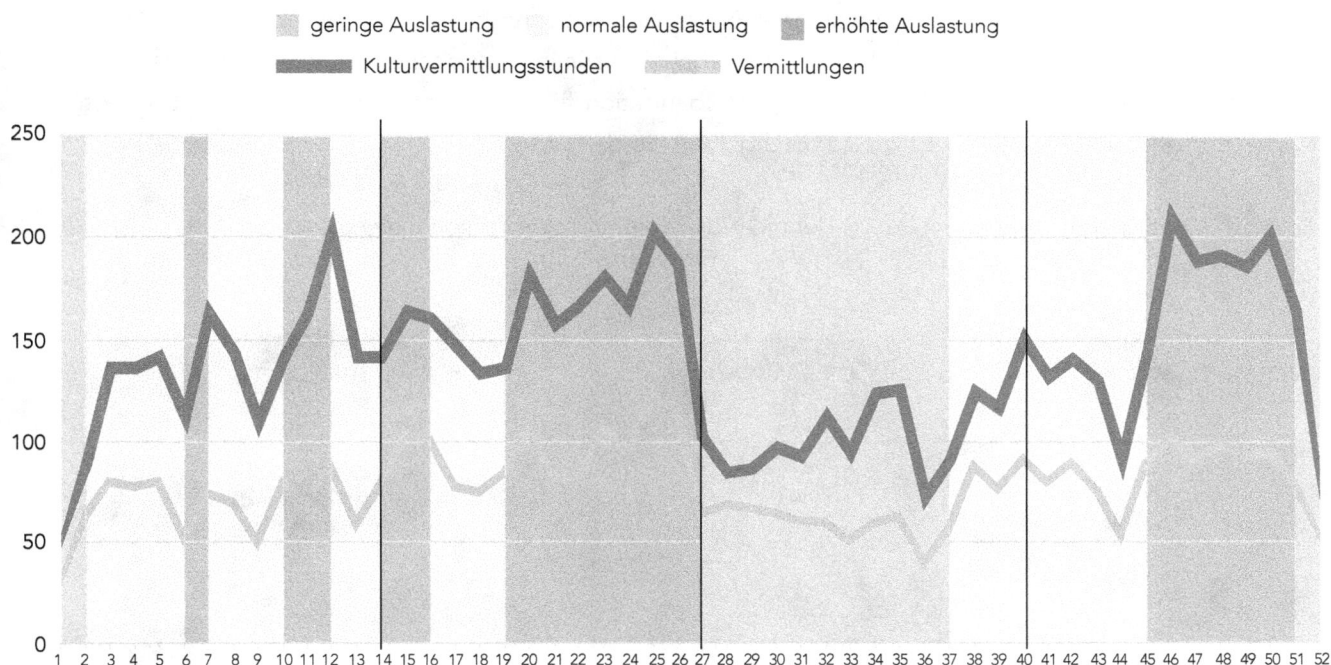

Jahresauslastung: Hoch- und Nebensaison

2.6.2 Ein Ast mit vielen Zweigen – das Abteilungs-Organigramm

Das Organigramm der gesamten Kultureinrichtung klärt die Position der Abteilung im Haus. Ein abteilungsinternes Organigramm hingegen, in dem die elementaren Tätigkeiten klar zusammengefasst und dargestellt werden, ist notwendig, um sich des gesamten Umfangs der Aufgaben innerhalb einer Abteilung bewusst zu werden und diese intern wie extern kommunizieren zu können. Dazu werden alle Tätigkeiten des Kulturvermittlerinnen-Teams, des Buchungscenters und der Leitung erfasst und sinnvoll gegliedert. Die Gesamtheit der Tätigkeiten wird unterteilt in „Vermittlung", „Projekte" und „Organisation und Struktur". Das Kerngeschäft der Abteilung sind die Vermittlungen, also die direkte Interaktion mit dem Publikum. Programm, Inhalte und Unterlagen müssen erlernt und auf dem Laufenden gehalten werden, die Vermittlungen selbst müssen durchgeführt werden. In diese Tätigkeit fließt die meiste Energie der Mitarbeiterinnen. Die Arbeitsbereiche „Organisation und Struktur" sowie „Projekte" arbeiten direkt für das Gelingen der Vermittlungsumsetzungen. Die Kategorie „Projekte" ist entsprechend den Arbeitsschritten eines Konzepts oder Projekts unterteilt, von der Konzipierung bis zur Durchführung. Auch Sonder-Events, wie z.B. Feiertagsprogramm oder Familienfeste der Kulturinstitution, sind hier angeordnet, da sie sich in der Planung und Durchführung ähnlich wie Projekte mit geringerem Umfang verhalten.

Im Bereich „Organisation und Struktur" sind alle betrieblichen Maßnahmen verankert. Einer der essentiellsten Punkte hierbei ist das Zeit-Ressourcen-Management. Da das gesamte Team Angestelltendienst-verträge hat, ist der Stundenpool der Abteilung genau bekannt und festgesetzt. Diese Stunden teilen sich in Vermittlungs- und Bürostunden. Der stetige Abgleich des aktuellen Stundenausmaßes mit der aktuellen Buchungslage und mit den Projekten bzw. dem Abteilungskalender ist elementar, damit nicht durch Fehlplanung unbegrenzt Mehrstunden anwachsen. In der Budgetplanung wiederum müssen hauptsächlich Materialbestellungen bzw. Honorare für externes Personal (Schulungen, Projektmitarbeiten etc.) eingerechnet werden, da das Personalbudget aller Angestellten bei der Personalverwaltung liegt.Die Abteilungsleitung sollte für alle Verhandlungen und Planungen sämtliche Stundenlöhne inklusive Lohnnebenkosten der Mitarbeiterinnen kennen, um gezielt kalkulieren zu können. Das Organigramm kann in strategische und operative Tätigkeiten unterteilt sein bzw. Es können Abhängigkeiten und Organisationsflüsse eingezeichnet werden (z.B.: Konzepte müssen erst geschrieben werden, bevor sie durchgeführt werden können).

Mit dem Organigramm können, müssen aber nicht die ausführenden Personen verknüpft werden.

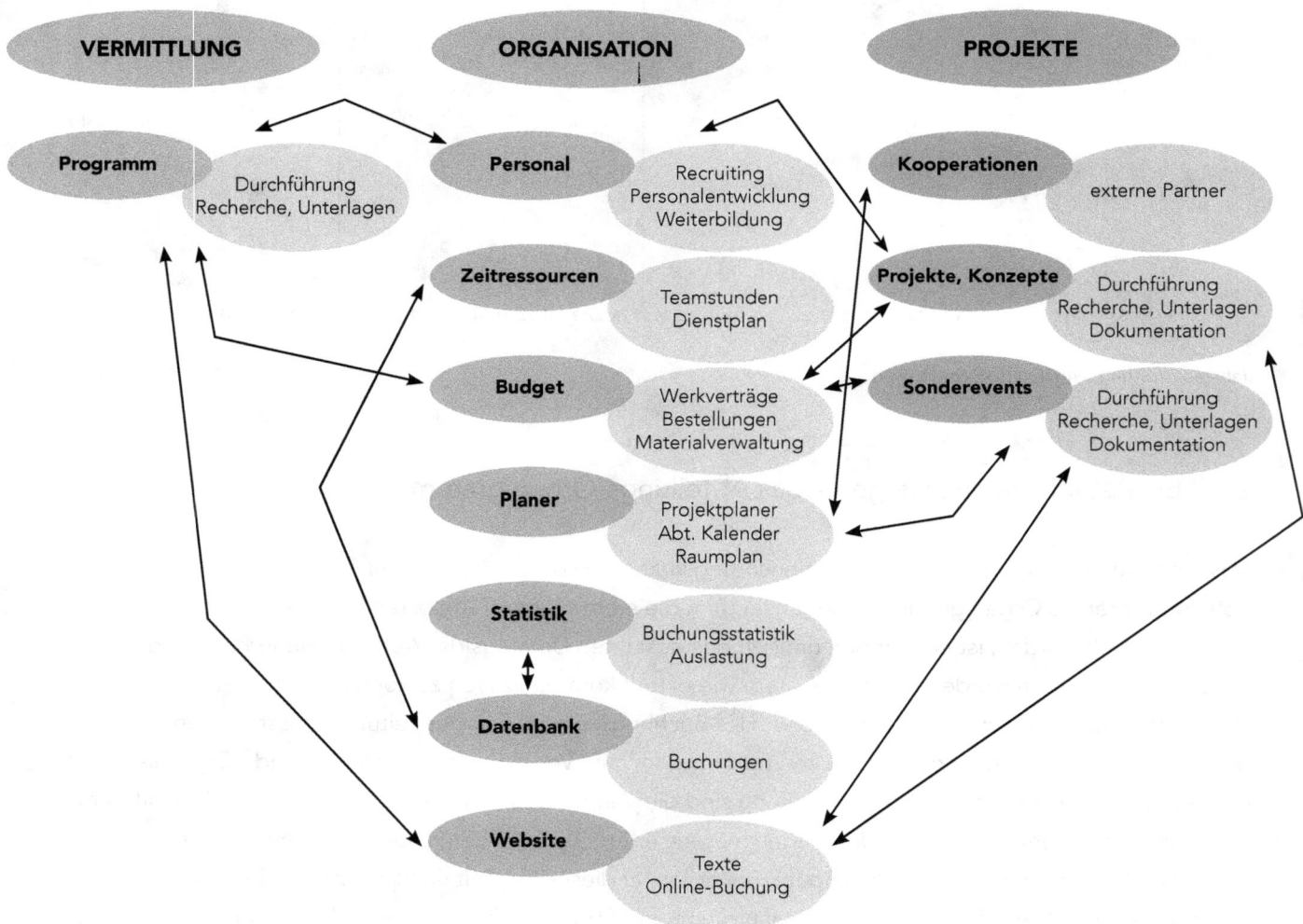

Organigramm TMW-Kulturvermittlung

2.6.3 Verantwortungen übergeben – Kompetenzen aufteilen

Alle Tätigkeiten, die im gesamten Team anfallen, werden inklusive Zuständigkeiten in den Steckbrief-Gesprächen erhoben und in einem übersichtlichen Planer der laufenden Tätigkeiten zusammengefasst. Diesen Tätigkeiten sind Umfang, Kompetenzen und Pflichten zugeordnet. Hierbei werden ggf. auch bestehende Unklarheiten ausgeräumt und Aufgaben klar aufgeteilt. Die Liste der Zuständigkeiten wird transparent innerhalb des Hauses kommuniziert. Die eindeutige Kommunikation der Aufgaben klärt im Alltag viele kleine Situationen; Arbeiten können durch genaue Befugnisse rasch geklärt und durchgeführt werden. Jede Mitarbeiterin weiß nun, an wen sie sich wenden muss, wenn z.B. Bastelmaterial ausgeht, eine Unterschrift fehlt oder ein Pressetext benötigt wird, und muss sich nicht erst an die Leitung wenden.

Wenn alle Kulturvermittlerinnen angestellt sind, können viele Tätigkeiten, wie z.B. Materialwartung oder Bestellungen, aber auch Kooperations-Betreuungen, in die Verantwortung einzelner Kulturvermittlerinnen wandern. Die Kulturvermittlerin hat völlige Befugnis und Entscheidung über den verantworteten Aufgabenbereich. Zuvor wird sie von der Team- oder Abteilungsleitung in die Tätigkeit zeitgerecht eingeschult und eingearbeitet. Je nach Aufgabe und Kompetenz der Mitarbeiterin gibt es ein mehr oder weniger engmaschiges Reporting dazu.

Bei flachen Hierarchien ersetzen Verantwortlichkeiten klassische Karriereleitern. Die Leitung vertraut ihren Mitarbeiterinnen und diese wiederum kennen ihre Aufgaben und haben darin Gestaltungsfreiräume.

		HAUPTVERANT- WORTUNG	VERTRETUNG	UMFANG & KOMPETENZ	PFLICHTEN	REPORTING
Material	Workshop-Material	KV.B	KV.X	Verwaltung & Ordnung der Gruppenräume; Bestellungen Material	Bestandslisten aktuell halten; 1x jährlich Inventur; Verwaltung der Ausgaben	Bestellscheine an Abteilungsleitung, Bedarf melden
Material	Shop Bestellungen	KV.B	KV.M	Auswahl & Bestellung der Give aways	Verwaltung der Ausgaben	Budget Kalkulation; Bedarfsmeldung
Material	Tabletts	KV.A	KV.Z	Content Auswahl, Bearbeitung / Übertragung / Wartung; ggf. Bestellung	Regelmäßige Überprüfung (1x wöchentlich); Ladung	Informationsrückfluss an Team
Material	Headsets	KV.X	KV.B	Wartung & Reparatur; ggf. Bestellung	Regelmäßige Überprüfung (1x monatlich)	Meldung Equipment-Bedarf
Texte	Skripten	KV.Y	L.A, L.B	Erstellen / Sichten / Ordnen / Aktualisieren	Abklärung der Inhalte mit Kuratorinnen	Informationsrückfluss an Team & Abteilungsleitung
Texte	Übersetzungen	KV.Y		Erstellen von Übersetzungen & Glossaren		Informationsrückfluss an Team & Abteilungsleitung
Kooperationen	Koop. Zoo	KV.O	L.A	Programm-Gestaltung & Planung. Zusammenführung Informationen	Termin-Koordination / Kommunikations-Schnittstelle Koop-Partner TMW	Reporting an Abteilungsleitung

Ausschnitt aus dem Planer der laufenden Tätigkeiten in der Kulturvermittlungs-Abteilung

2.6.4 Projekte aufstellen

Konzept- und Projektarbeit stellen einen wichtigen Teil der Kulturvermittlungs-Arbeit dar. Ähnlich wie bei den laufenden Tätigkeiten werden alle Projekte der Mitarbeiterinnen der Vermittlungs-Abteilung beim Steckbrief-Gespräch erhoben und übersichtlich im Projektplaner gruppiert. Bei dieser Bestandsaufnahme werden gleich die wichtigsten Informationen zu jedem einzelnen Projekt notiert – Leitung, Mitarbeit, Kostenstelle, Kooperationen intern, externe Partner, Unterlagen, Schulungstermine, etc. In Absprache mit den Projektleiterinnen werden die Aufgaben jedes Projekts einzelnen Mitarbeiterinnen zugewiesen. An der Projektplanungsdatei ist ein eigener Projekt-Kalender mit Balkengrafik angehängt, an dem alle wichtigen terminierten Informationen zusammengefasst werden (Projektdauer, Meilensteine, Termine).

Der Projektplaner bewährt sich im Alltag vor allem in der strategischen Abteilungsleitung, da auf einen Blick ersichtlich ist:

- Woran arbeitet die Abteilung gerade?
- Wer ist in die einzelnen Projekte involviert?
- Was geschieht gleichzeitig?
- Wann sind besonders viele Personalressourcen gebunden?

2014	SOMMERCAMP		RÄTSELRALLYE-GENERATOR		LANGE NACHT DER MUSEEN	
Kostenstelle	W - 7.800-5		P - 7800-10		M - 8500	
Projektleitung	L.B		L.B.		KV.K	
Projektmitarbeit	KV.A, BC.W		KV.K		L.A	
Projektmitarbeit II	KV.L, KV.M, KV.N, KV.S		KV.N, KV.A		L.B, KV.C, KV.Y.	
Schnittstelle intern	Marketing, Grafik, PR, Cafe		Marketing, Kuratorinnen, EDV, PR		Marketing, PR, Grafik, Publikumsservice	
Schnittstelle extern	Tiergarten		Grafikerin, Lektorat Institut Kurz		ORF, Partner-Institution	
Aufgabe	Organisation Abläufe	L.B, Marketing	Erstellung-Inhalte	L.B., KV.K, KV.N, KV.A	Programm-gestaltung	KV.K., Marketing
Aufgabe	Programm-Inhalte	L.B, KV.A, KV.L	Schnittstelle Website - Datenbank	L.B., EDV	Material-Bestellungen	L.B., KV.K
Aufgabe	Material-Bestellung	BC.W	Schnittstelle Kuratorinnen	L.B.	Schnittstelle Koop-Partner	KV.K., Marketing
Aufgabe	Experimente	KV.N, KV.S	Fotos, Grafiken	KV.N, Grafikerin	Organisation vor Ort	L.B
Sponsoring / Förderung	Sponsoring (Give aways, Jause..)	Marketing	Förderantrag	L.B.		
Marketing-Maßnahmen	Website, Flyer, City-Plakate, Facebook	Marketing, PR	Website, Schul-Aussendung, Pädagoginnen-Vorträge	Marketing, L.B, KV.K	ORF, Website, Plakate, Presseaussendung	Marketing, PR
Wichtige Termine	Anmeldungsstart KW 5 2014	L.B, BC.W	Evaluierung im März	L.B., KV.N	04.10.2014	
Wichtige Infos	TN-Liste an Cafe & Kassa	L.B	Bei Karenz übernimmt KV.K Projekt-Leitung			

Ausschnitt aus dem Projekt-Planer der Kulturvermittlungs-Abteilung

Bevor ein Konzept oder Projekt in Angriff angenommen wird, sollte eine kurze Analyse erfolgen. Für diese Auswertung kann die Methode „Projekt-Canvas" herangezogen werden. Im Internet findet man zahlreiche Vorlagen für diese einfache Form der Projekt-Analyse.[7]

- Welchen Nutzen hat das Projekt/Konzept kurz-, mittel- und langfristig für die Kulturinstitution?
- Was ist der Unique Selling Point des Projekts/Konzepts?
- Passt das Projekt/Konzept zur Linie der Kultureinrichtung bzw. der Abteilung?
- Wer ist die Zielgruppe für diese Projekt/Konzept?
- Ist diese Zielgruppe gerade interessant für die Kultureinrichtung?
- Wie soll die Zielgruppe erreicht werden?
- Welche Partizipationsmöglichkeiten bietet das Projekt/Konzept den Teilnehmerinnen?
- Hat die Abteilung momentan die Ressourcen und Kompetenzen zur Durchführung?
- Wer muss/soll/kann/will bei dem Projekt/Konzept dabei sein?
- Wie gestalten sich die Einnahmen und Ausgaben?
- Wie hoch wird der Personalaufwand?

Bei Projekten darf die Abteilungsleitung nicht in die Planungsfalle tappen zu denken, dass die Abteilung z.B. zehn Mitarbeiterinnen zur Umsetzung von Projekten zur Verfügung. Die Arbeitszeit des Kulturvermittlungs-Teams ist in erster Linie für die Vermittlung des Programms vorgesehen und zum Erlernen und Aktualisieren von Vermittlungs-Inhalten, ggf. zur Konzeption neuer Dauerprogramme. Projektarbeitsstunden müssen in der Ressourcenplanung des Jahres berücksichtigt oder extern finanziert werden.

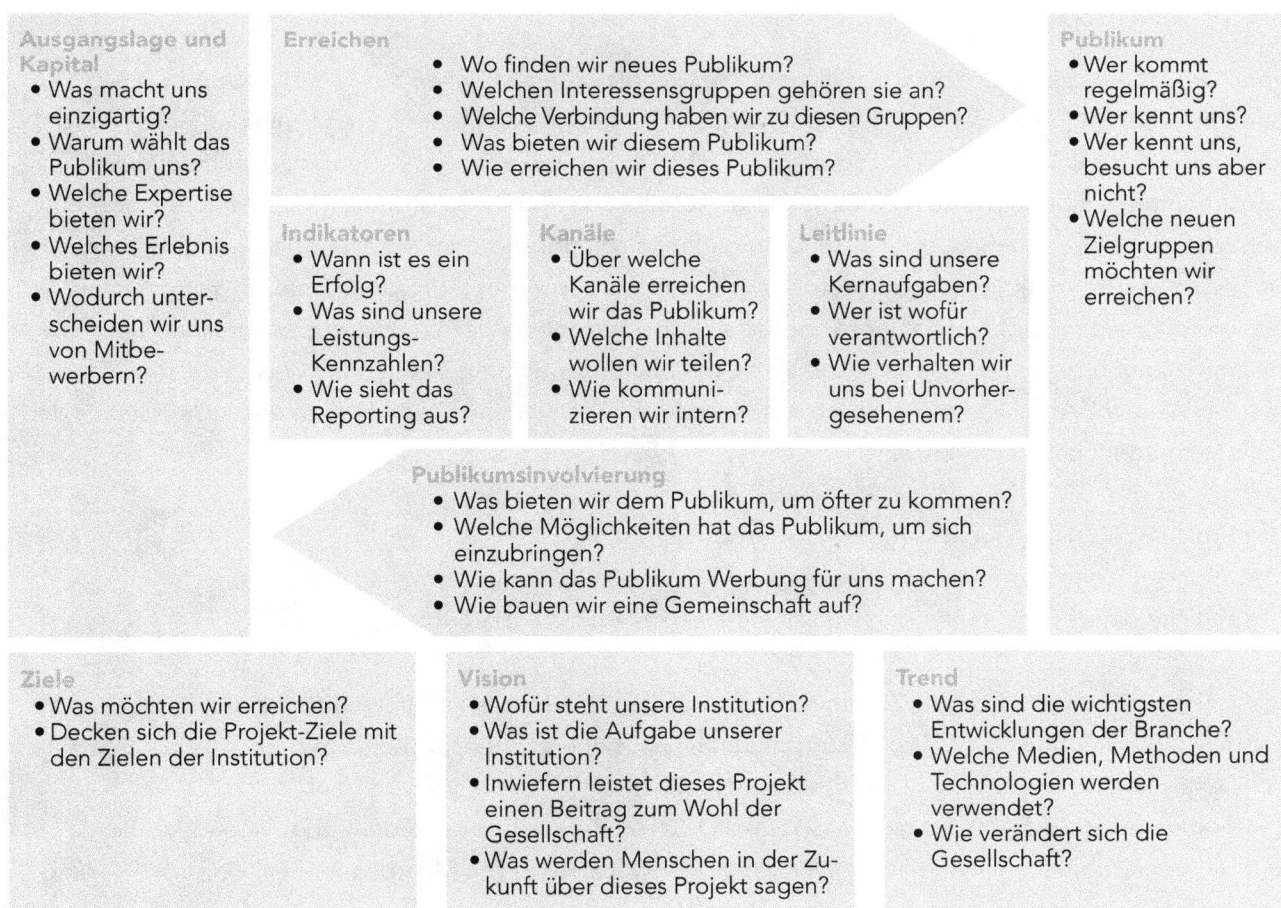

Ausgangslage und Kapital
- Was macht uns einzigartig?
- Warum wählt das Publikum uns?
- Welche Expertise bieten wir?
- Welches Erlebnis bieten wir?
- Wodurch unterscheiden wir uns von Mitbewerbern?

Erreichen
- Wo finden wir neues Publikum?
- Welchen Interessensgruppen gehören sie an?
- Welche Verbindung haben wir zu diesen Gruppen?
- Was bieten wir diesem Publikum?
- Wie erreichen wir dieses Publikum?

Publikum
- Wer kommt regelmäßig?
- Wer kennt uns?
- Wer kennt uns, besucht uns aber nicht?
- Welche neuen Zielgruppen möchten wir erreichen?

Indikatoren
- Wann ist es ein Erfolg?
- Was sind unsere Leistungs-Kennzahlen?
- Wie sieht das Reporting aus?

Kanäle
- Über welche Kanäle erreichen wir das Publikum?
- Welche Inhalte wollen wir teilen?
- Wie kommunizieren wir intern?

Leitlinie
- Was sind unsere Kernaufgaben?
- Wer ist wofür verantwortlich?
- Wie verhalten wir uns bei Unvorhergesehenem?

Publikumsinvolvierung
- Was bieten wir dem Publikum, um öfter zu kommen?
- Welche Möglichkeiten hat das Publikum, um sich einzubringen?
- Wie kann das Publikum Werbung für uns machen?
- Wie bauen wir eine Gemeinschaft auf?

Ziele
- Was möchten wir erreichen?
- Decken sich die Projekt-Ziele mit den Zielen der Institution?

Vision
- Wofür steht unsere Institution?
- Was ist die Aufgabe unserer Institution?
- Inwiefern leistet dieses Projekt einen Beitrag zum Wohl der Gesellschaft?
- Was werden Menschen in der Zukunft über dieses Projekt sagen?

Trend
- Was sind die wichtigsten Entwicklungen der Branche?
- Welche Medien, Methoden und Technologien werden verwendet?
- Wie verändert sich die Gesellschaft?

Projekt-Canvas Kulturvermittlung

---

[7] Siehe auch Jim Richardson / Jasper Visser, Digital Engagement Framework Workbook

2.7 Wohin die Reise geht

Um die Arbeit in der Abteilung langfristig besser zu strukturieren, Synergien zu fördern und Ressourcen besser einsetzen zu können, muss die Abteilung ihre mittel- und langfristige Ausrichtung definieren. Es handelt sich dabei um Maßnahmen für ein selbstbewusstes Auftreten nach innen und außen und eine einheitliche Vision von dem, was in der Abteilung getan wird. Damit das gelingt, müssen die Interessen der Institution, des Publikums und die der Mitarbeiterinnen aufeinander abgestimmt werden. Gerade wenn große Umstrukturierungen auf dem Plan stehen, Veränderungen im Team oder in der Ausstellung anfallen, gilt es, einen Schritt zurückzugehen, sich gemeinsam Zeit für wichtige Fragen zu nehmen und Prozesse und Arbeitsabläufe zu hinterfragen.

- Was sind die Aufgaben der Abteilung?
- Was ist der gesellschaftliche Auftrag und die Relevanz?
- Reden alle Mitarbeiterinnen vom gleichen Kulturbegriff?
- Wo liegen die Stärken und Schwächen der Abteilung?
- Wer sind die Zielgruppen, und wer kommt nicht?

Nur wenn alle Mitarbeiterinnen die „Vision" kennen, können sie diese auch nach außen tragen. Auch erübrigen sich mit dieser Einbeziehung aller Beteiligten viele Diskussionen, warum gewisse Formate oder Projekte durchgeführt werden und andere nicht.

2.7.1 Das Zeug zur Kulturvermittlerin

Parallel zu den organisatorischen Maßnahmen werden die grundsätzlichen Muss-, Soll-, Kann-Kriterien der Kulturvermittlung an der Institution definiert. Das vielfältige Vermittlungs-Programm des Hauses wird schließlich unterschiedlich stark nachgefragt. Es gibt Programme, die jede Kulturvermittlerin beherrschen bzw. Kenntnisse, über die jede Mitarbeiterin der Abteilung verfügen muss. Dann gibt es wiederum selten gebuchte Spezialprogramme oder seltene Aufgaben und Tätigkeiten der Abteilung, die nur langjährige, versierte Kulturvermittlerinnen brauchen. Als Vorarbeit werden Vermittlungsprogramm, Organigramm und die Informationen aus den Steckbrief-Gesprächen herangezogen. Alle Tätigkeiten der Abteilung werden zusammengeführt – immer mit der Frage im Hinterkopf: Soll es künftig so bleiben? Was ist die Realität, und was der Wunsch? Anschließend gliedern Abteilungs- und Teamleitung die Aufgaben des Arbeitsalltags der Kulturvermittlerinnen nach Relevanz:

- Welchen Aufgaben stellt sich die Abteilung?
- Welche Eigenschaften und Kompetenzen muss eine Kulturvermittlerin mit sich bringen?
- Welche dieser Fähigkeiten sind wünschenswert, aber nicht unbedingt erforderlich?

Diese Kriterien stehen im engen Zusammenhang mit den Phasen des Kulturvermittlerinnen-Personal-entwicklungsplans und der Weiterbildungsmaßnahmen, siehe Kapitel 3.2 „Kulturvermittlung – ein Beruf mit Perspektiven" und 3.4 „Die steten Wissenssammlerinnen".
Immer wieder hat eine Abteilung die Möglichkeit, sich maßgeblich zu verändern oder Veränderungen einzuführen. Umbrüche entstehen bei Weggang oder Neuzugang von Mitarbeiterinnen, Umstrukturierung von Abläufen oder neuen Aufgabenfeldern. Diese Veränderungen müssen gesteuert vorangehen, damit das Aufgabenfeld der Abteilung nicht willkürlich wächst und intern sowie extern nicht mehr klar abzugrenzen ist.

	MUSS	SOLL	KANN
FORMATE	Führung Workshop Aktionstag	Kindergeburtstag Sommercamp	Sonderformate, Spezialthemen
INHALTE	Daten & Fakten Institution Hochspannungs-Vorführung Bergwerk Mobilität Energie Highlight-Führung	Medientechnik Alltagstechnik Industrielle Revolution	Eisenbahn Musik Natur und Erkenntnis Schwerindustrie
ZIELGRUPPEN	Volksschule Unterstufe Erwachsene	Oberstufe Kindergarten Englische Vermittlungen	Zielgruppen mit besonderen Ansprüchen
KOMPETENZEN	Zielgruppengerechte Vermittlung Teamfähigkeit Laute & klare Aussprache spontane Handlungsfähigkeit	Handwerkliche Fähigkeiten Konzept- & Projekt-Mitarbeit Erstellung von Unterlagen & Texten Museumspäd. Theorie / Kulturtheorie	Konzept- & Projekt-Leitung Projektmanagement Wissenstransfer; Schulung der Kolleginnen Einreichung von Förderungen
ORGANISATION	Selbst organisiert & verlässlich Abteilungsabläufe & Betriebssysteme Handlungsfelder & Projekte der Abteilung Abrechnung von Bestellscheinen & Rechnungen	Kleinere org. Tätigkeiten Handlungsfelder & Projekte der Institution Zentrale org. Tätigkeiten Beantragung von Dienstreisen	Budget-Verantwortung Ressourcenplanung

Die Muss - Soll - Kann Kriterien der Kulturvermittlung am Beispiel TMW

2.7.2 Position beziehen – Was müssen, sollen und können wir

In den Mission Statements von Kulturinstitutionen sind die Aufgaben der Vermittlungsabteilung oft stark hervorgehoben: So sollen heterogenen Zielgruppen individuelle Zugänge zur Kultur ermöglicht werden und das Institut als Plattform zum Diskurs dienen. Die Objekte werden im kulturellen, gesellschaftlichen oder wirtschaftlichen Kontext präsentiert und Zusammenhänge zeitgemäß umgesetzt. Kultur soll aktiv erlebbar sein.[8] Zudem wird sogar in der Rechtsvorschrift der Museumsordnung für das TMW die Vermittlungsarbeit neben der Sammlungstätigkeit als Hauptaufgabe des Museums hervorgehoben:[9]

Vermitteln
§ 2. (1) Zur größtmöglichen Teilhabe der Bevölkerung in ihrer kulturellen und sozialen Vielfalt an der kunst- und kulturgeschichtlichen sowie naturwissenschaftlichen Sammlung des Bundes kommt der Vermittlungsarbeit zentrale Bedeutung zu. Die Wahrnehmung der in den §§ 3 bis 7 angeführten Aufgaben erfolgt unter Berücksichtigung dieser Zielsetzung.

---

[8] Siehe Anhang: Mission Statement Technisches Museum Wien.
[9] Gesamte Rechtsvorschrift für Museumsordnung für das Technische Museum Wien.

(2) Die Sammlungsbestände gemäß § 16 und § 17 sowie deren Bereitstellung,
Ausstellung und wissenschaftliche Erforschung bilden die Basis der Vermittlungsarbeit.
(3) Die zielgruppenspezifische, zeitgemäße und innovative Vermittlungsarbeit
geht auf aktuelle künstlerische, wissenschaftliche und gesellschaftliche Entwicklungen ein und ist bestrebt,
insbesondere die Teilhabe von Kindern und Jugendlichen gezielt zu erweitern sowie den barrierefreien
Zugang für Menschen mit Behinderungen zu verbessern.

Die Berufsdefinition „Kulturvermittlerin" laut österreichischem Verband der KulturvermittlerInnen lautet: [10]

„Ein/e KulturvermittlerIn initiiert und gestaltet professionell eigeninitiativ und/oder auftrags-orientiert
Kommunikationsprozesse mit BesucherInnen über Objekte in Museen und Ausstellungen. Zielgruppen
dieser Vermittlungsarbeit sind Menschen aller Altersstufen und aller sozialen und kulturellen Schichten."

Alle sind sich einig: Die Vermittlung der Inhalte stellt im Sinne des Bildungsauftrages der Institution eine
übergeordnete Aufgabe dar. Aber wie ist diese Vermittlungsarbeit genau beschaffen? Was umfasst die
Aufgabe an dieser Institution und welche Tätigkeiten gehören nicht zum Handlungsfeld der Abteilung?

Identitätsstiftend für eine Vermittlungs-Abteilung nach innen und außen ist ein eigenes Positionspapier.
Dieses verdeutlicht die grundlegenden Aufgaben, Ziele und Motivation der Kulturvermittlung. Ist das
Leitbild formuliert, wird es intern und extern kommuniziert.

Die Abteilung wird dargestellt mittels folgender Punkte:
- Wer ist die Abteilung?
- Was tut die Abteilung?
- Wie setzt die Abteilung diese Tätigkeiten um?
- Was will die Abteilung?
- Welche Wirkung erzielt die Arbeit beim Publikum?
- Welche Wirkung erzielt die Abteilung bei der einzelnen Mitarbeiterin?
- Wie organisiert sich die Abteilung?
- Was erwartet die Abteilung?

Im Positionspapier wird aufgezeigt, was die Abteilung macht und weshalb. Auch hier wird wieder das
Organigramm als Ausgangspunkt verwendet: Die Kulturvermittlung führt Vermittlungen mit Besucherinnen
durch, setzt Projekte und Konzepte um und hat organisatorische Aufgaben. Die Abteilung trägt durch
ihre Tätigkeiten und Methoden maßgeblich zum Erfolg der Institution bei. Daten, Fakten und Zahlen
unterstreichen das Bild der Abteilung, an dem sich Mitarbeiterinnen sowie externe Partnerinnen orientieren
können.

Tätigkeitsfeld Kulturvermittlung

Als Schnittstelle setzt die Kulturvermittlung die Themen des Hauses in einen aktuellen Kontext und bereitet
die Inhalte zielgruppengerecht und innovativ auf. Deswegen muss der Frage nachgegangen werden, ob
die Mitarbeiterinnen der Abteilung ein gemeinsames Verständnis vom Kulturauftrag haben. Dabei werden
kulturtheoretische Fragen an die Vermittlungsabteilung aufgeworfen:

---

[10] Österreichischer Verband der KulturvermittlerInnen im Museums-und Ausstellungswesen.

- Was wird genau gemacht, welche Aktionen werden gesetzt?
- Werden die passenden Begriffe für die Tätigkeiten der Abteilung, v.a. des Programmes, verwendet?
- Wie ist der Umgang mit dem Publikum?
- Wie ist der Umgang mit den Mitarbeiterinnen?
- Wer vermittelt was wie an wen?
- Was bedeutet Kultur und Vermitteln?
- Welche Geschichte hat die Institution selbst?

Im Zuge von Verbesserungs- und Strukturmaßnahmen sollte sich die Abteilung diese Fragen wieder bewusst machen. Diese Position kann nicht nur von der Leitung gelebt werden, sondern muss von allen Kolleginnen der Abteilung mitgetragen werden, denn die Kulturvermittlerinnen sind die Visitenkarte der Institution nach außen. In einer eigenen Klausur mit der gesamten Abteilung kann diesen Fragestellungen nachgegangen werden. Das Ergebnis ist ein entscheidender Ausgangspunkt, eine übergeordnete Metaebene, die über den Vermittlungen mitschwingen wird und bei der Qualität der Vermittlung eine ausschlaggebende Rolle spielt.

Tätigkeitsfeld Betrieb und Mitarbeiterinnen

Vermittlungsabteilungen zeichnen sich nicht nur durch die Interaktionen mit den Besucherinnen aus, sondern auch durch einen hohen Grad an interner Organisation und Zusammenarbeit aller Mitarbeiterinnen. Ein faires Miteinander braucht klare Regeln, die helfen, in einem großen Team etwas zu bewegen, den Zusammenhalt festigen und Aufgaben zu erledigen. Mit Organisationsmaßnahmen schafft man Klarheit und fördert die Zusammenarbeit im Alltag. Um die Qualität der Vermittlungsarbeit zu sichern, braucht es ein gut geschultes, erfahrenes Team, das über detailliertes Hintergrundwissen verfügt. Die Institution wiederum trägt Verantwortung gegenüber den Mitarbeiterinnen: Sie muss die Rahmenbedingungen schaffen für Persönlichkeitsausbildung, kollektive Intelligenz und lebenslanges Lernen, welche für diese Berufsbranche unerlässlich ist.

Im Kapitel 3 „Miteinander arbeiten" wird ausgeführt, wie der Führungsstil der Teamleitung im Endeffekt zum Außenauftritt und zum Erfolg wesentlich beiträgt.

2.7.3 Jahres-Schwerpunkte setzen

Auf Vermittlungsabteilungen prasseln von allen Seiten eine Vielzahl an Wünschen ein: Kooperationsanfragen, Rahmenprogramme für Sonderausstellungen, Thementage, Projekte, Sonderführungen etc. sollen neben dem regulären Vermittlungsprogramm durchgeführt werden. Um die Energie der Abteilung zu bündeln, Synergien und Ressourcen sinnvoll nützen zu können, setzt sich die Abteilung im (Schul-)Jahres-Rhythmus Jahres-Schwerpunkte:

- Ein bis zwei thematische Schwerpunkte, angeknüpft an das aktuelle Ausstellungs-Geschehen der Kultureinrichtung
- Ein bis zwei Vermittlungsschwerpunkte, die sich entweder einer bestimmten Zielgruppe (z.B. Lehrlinge, Seniorinnen, Migrantinnen) oder einer bestimmten Vermittlungsmethode widmen.

Im Idealfall verschmelzen Methode und Thema in der Umsetzung zu einem innovativen Vermittlungs-Produkt. Alle Projekte, Aktionstage, Sondervermittlungen etc. eines Jahres verschreiben sich diesen Schwerpunkten. Ein Thema wird somit vielfältig ausgearbeitet, und Konzepte können bei mannigfachen

Gelegenheiten verwendet werden. Schulungen und Projekte werden dadurch kontinuierlich nachhaltig gesteuert. Projekte zu anderen Inhalten oder Zielgruppen werden hintangestellt bzw. abgelehnt. Somit können die Ressourcen der Abteilung – Wissen und Zeit – besser geplant werden, da z.B. nicht für jeden Aktionstag neue Konzepte ausgearbeitet werden müssen. Auch die Wahrnehmung von außen wird geschärft, wenn die Abteilung langfristige Arbeitsschwerpunkte behandelt. Erfahrungsgemäß dauert es immer eine Zeit, bis die Ziel- bzw. Anspruchsgruppe erreicht ist.

2.8 Wissen teilen und bereitstellen

Wie kann Wissen und Information in einem großen Team weitergegeben, archiviert und aktuell gehalten werden?
„Wissen" bedeutet in einer Vermittlungs-Abteilung z.B.: Inhalte der Vermittlungen, Hintergrundliteratur, Didaktik und Organisationsinformationen in Form von Schrift-, Audio- und Videodaten. Und nicht zu vergessen im Vermittlungsbereich: die mündliche Überlieferung! Interne Kommunikation zu fördern ist eine Schlüsselaufgabe für jedes Haus und jede Leiterin. Wir leben in der Wissensgesellschaft mit Auswirkungen bis in den kleinsten Arbeitsbereich. Ist Wissenstransfer gut geplant, so sind zum einen alle Informationen rasch zur Hand, egal ob man gerade die Bilanz des letzten Jahres sucht oder die Unterlagen zum Highlight-Objekt. Das bedeutet zum anderen wiederum Zeitersparnis im großen Stil. Es wird weniger Zeit für wiederholte Recherche für dasselbe Thema benötigt und die korrekten Informationen werden bereitgestellt, wie z.B. Texte, Zahlen und Unterlagen.

2.8.1 Kreatives Chaos? Lieber nicht bei den Unterlagen!

Mitarbeiterinnen müssen einen einfachen Zugang zu allen aktuellen Daten und Informationen haben, die sie zur Erledigung ihrer Arbeit benötigen. Damit sind im Falle von Kulturvermittlerinnen zum einen Führungsunterlagen und Hintergrundinformationen zu den Ausstellungen und Objekten gemeint, zum anderen alles Organisatorische rund um Vermittlungen und Abteilung. Sie benötigen dazu den Zugang zur Buchungs-Datenbank mit allen Informationen zu den gebuchten Vermittlungen und zu allen relevanten hausinternen Informationen.

Daten und Informationen, die für alle Mitarbeiterinnen (einer Abteilung oder der gesamten Institution) relevant sind, können z.B. auf einem gemeinsamen Laufwerk gespeichert werden. Ein solcher Speicherort wächst jedoch durch die Befüllung durch mehrere Personen über die Zeit wild an, wenn man kein sinnvolles Ablagesystem vorgibt. Um eine logisch nachvollziehbare Ordnung zu schaffen, wird zunächst eine Gliederung mit möglichst klaren, gleichbleibenden Unterpunkten festgelegt. Auf dem gemeinsamen Laufwerk wird dann ein „Parallel-Ordner" mit der neuen Gliederung angelegt und beim Datentransfer alle Dokumente auf Relevanz gesichtet und ggf. veraltete Versionen und Informationen ausgemistet. Alle Ordner haben nun eine einheitliche Unterordnung – z.B. Inhalte, Organisatorisches, Bildmaterial. Auch die Benennung der Dateien sollte in der Abteilung vereinheitlicht organisiert werden, sofern nicht ohnehin für die ganze Kultureinrichtung bereits Richtlinien bestehen, z.B. dateiname_mitarbeiterin_datum

Die Führungsinhalte können in einem abteilungsinternen wiki gesammelt werden, in dem Inhalte und Hintergrundinformationen übersichtlich verknüpft werden und einfach um aktuelle Informationen ergänzt werden können. Social bookmarking tools helfen, relevante Links zu sammeln und zu ordnen, oder es wird eine klassische Excel-Tabelle für die Linksammlung verwendet.

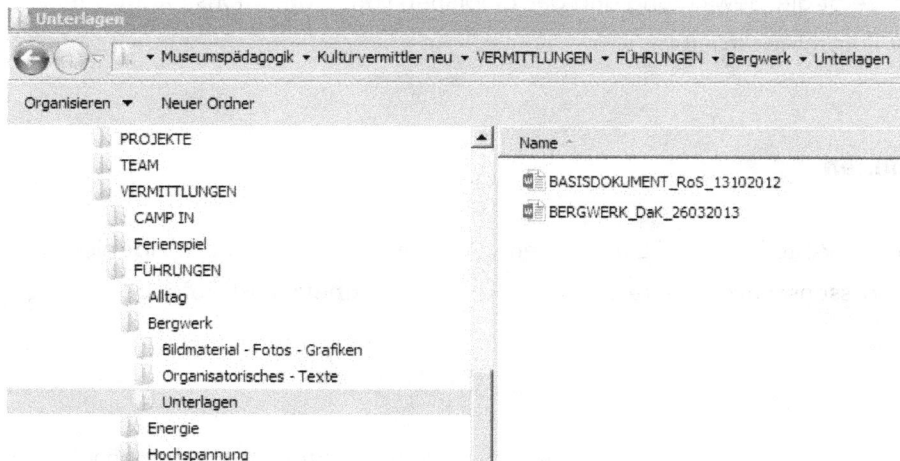

Speicherung der Führungsunterlagen

Besonders für neue Kulturvermittlerinnen bzw. Mitarbeiterinnen mit geringerem Wochenstundenausmaß ist es wichtig, die Unterlagen übersichtlich, gut aufbereitet und am aktuellen Stand vorzufinden, da sie für Recherchetätigkeit nicht so viel Arbeitszeit verwenden können bzw. sehr umfassende Inhalte in kurzer Zeit erlernen müssen. Sinnvoll ist es, Einschulungen, Exkursionen oder Vorträge aufzuzeichnen und zu beschlagworten. Audiodateien benötigen zwar weniger Speicherplatz, allerdings haben Videos den Vorteil, dass gleichzeitig die fokussierten Objekte oder Bereiche erfasst werden. Diese Objekt-Informationen können bei Audiofiles untergehen. Überdies sollte für jede Weiterbildung oder Einschulung sowie bei jeder wichtigen Besprechung ein Gedächtnis-Protokoll mit den wichtigsten Fakten verfasst und bei den Unterlagen abgelegt werden.

2.8.2 Informationstransfer – Wissen ist Trumpf

Wissenstransfer und kollektive Intelligenz sind die Schlagwörter der Stunde, wenn es um den Austausch von Kompetenzen geht. Gerade eine Abteilung, deren Aufgabe es wiederum ist, mit den Besucherinnen die Inhalte der Kultureinrichtung zu beleuchten und zu erforschen, muss besonderes Augenmerk auf den Wissensaustausch zwischen den Mitarbeiterinnen gelegt werden. Hier besteht ein großer Unterschied zwischen einem versierten Team, das neben der direkten Vermittlungsarbeit in den Ausstellungen auch Zeit hat, um sich Hintergrundinformationen anzueignen und auszutauschen, versus einem Team von freien Dienstnehmerinnen, die nur für Führungen bezahlt werden und weiterführende Recherchen mit persönlichem Engagement in der unbezahlten Freizeit durchführen. Zudem stehen freien Dienstnehmerinnen rechtlich weder Arbeitsplätze im Haus zu noch dürfen sie z.B. die Bücher aus der hauseigenen Bibliothek entlehnen.

Neu erlangte Informationen werden mit vorhandenem Wissen und Erfahrungen verglichen, eingeordnet und verknüpft. So wie jede für sich persönlich ihre Kompetenzen erweitert, so kann dieses Lernen durch geschaffene Kommunikations(frei)räume gezielt multipliziert werden. Die Kolleginnen diskutieren im Team, im Haus, mit anderen Institutionen, Kooperationspartnern und Besucherinnen die Fragestellungen und Sachverhalte der Vermittlungen und gewinnen somit ggf. einen Wissenszuwachs durch die unterschiedliche Sicht auf ein bestimmtes Thema. Im Folgenden werden nur die wichtigsten Maßnahmen zum Wissenstransfer genannt. Erfreulicherweise findet Austausch und Vernetzung auch außerhalb dieser geplanten Termine statt. Dennoch zeigt die Gewichtung und das Einplanen von Informations-Plattformen, wie wichtig Kommunikation in der Zusammenarbeit ist.

2.8.2.1 Ein Team voll Expertinnen

Die Mitarbeiterinnen der Vermittlungs-Abteilung sind Expertinnen mit unterschiedlichem Spezialgebieten und Background. Diesen internen Wissenschatz zu Tage zu befördern und zu vernetzen ist Aufgabe der Teamleitung.

Kompetenzen sichtbar machen

Die in der Abteilung vorhandenen Kompetenzen und Fähigkeiten, die durch den Steckbrief erhoben wurden, werden thematisch zusammengefasst. Den einzelnen Themen des Hauses werden Mitarbeiterinnen als Expertinnen zugeordnet, die ihr Wissen anschließend mit dem Team teilen. Nun kann eine Kulturvermittlerin beim Erlernen eines neuen Bereiches sofort nach passenden Expertinnen suchen, und es kann gemeinsam gelernt werden. Die Kolleginnen schätzen vor allem die Sichtbarmachung der in der Abteilung vorhandenen Kompetenzen. Für die Teamleitung sind diese Informationen besonders aussagekräftig und hilfreich, sowohl was die Planung neuer Konzepte betrifft als auch die Stundeneinteilung der Mitarbeiterinnen:

- Welches Know-how ist vorhanden, welches Wissen fehlt, was kann voneinander gelernt werden?
- Welche Weiterbildungsmaßnahmen müssen in naher Zukunft getroffen werden?
- Welche Qualifikationen brauchen neue Kolleginnen?

Team-Besprechungen

Mindestens einmal pro Monat trifft sich die gesamte Abteilung: das Vermittlungs-Team, das Buchungscenter und die Leitung. Durch einen Moderationswechsel bei den Teambesprechungen wird gewährleistet, dass die Gestaltung und Themenauswahl gut durchmischt und facettenreich ist. Jede Mitarbeiterin hat niederschwellig die Gelegenheit ihre Anliegen vorbringen. Wegen dieser ständigen Alternation ist eine einheitliche, übersichtliche Vorlage für die Besprechungsprotokolle notwendig, um Informationen auch später rasch wiederzufinden. Fixpunkte der Teambesprechungen sind dabei zu erledigende Punkte aus der vorigen Besprechung, „Gerüchte" und kommende relevante Abteilungs-Termine. Alle übrigen Themen variieren. Information, Transparenz und Austausch sind ein wichtiger Schlüssel zum gleichberechtigten Zusammenarbeiten innerhalb einer Abteilung. „Gerüchte" als Tagesordnungspunkt aufzunehmen dient in einer großen Abteilung als rasches Ventil um Unklarheiten auszuräumen und im Team zu besprechen.

Interne Kommunikation

Die interne Kommunikation in einem großen Team optimal zu organisieren, ist eine große Herausforderung. Informationen per Mail werden rasch unübersichtlich, zudem ist jede Mitarbeiterin zur Selbstorganisation mittels Posteingangsordnern gezwungen. Social media tools, die dem Abhilfe schaffen können, haben Vor- und Nachteile.Die Vorteile sind oft die einfachere Bedienung sowie die übersichtlichere Ordnung der Tasks und Informationen. Die aktuellen Handlungsfelder der Abteilung können somit auf einem Blick ermittelt werden.

Der Nachteil einer Online-Lösung ist der abteilungsinterne Umstieg auf ein anderes als das hausintern vorherrschende Kommunikationsmittel, welches dann ausschließlich zum digitalen Informationsaustausch genutzt werden darf – parallel geführter Mailverkehr würde das System ad absurdum führen. Das wiederum setzt voraus, dass über kurz oder lang das gesamte Haus auf ein anderes Kommunikations-System umwechseln müsste. Ein weiterer Nachteil sind die Kosten. Externe Lösungen kosten ab einer bestimmten Benutzerinnenanzahl nicht wenig, weshalb das System gut ausgesucht werden muss, auch um einen späteren Wechsel zu vermeiden. Systeme, die auf externen Servern laufen, bergen zudem ein Sicherheitsrisiko.

Einfache Maßnahmen, um die interne Kommunikation zu verbessern, sind z.B. Büros und Arbeitsplätze aller Abteilungs-Mitarbeiterinnen in räumlicher Nähe anzulagern. Tagesaktuelle Informationen können rasch und unkompliziert ausgetauscht werden. Ein schwarzes Brett mit ausgehängtem Abteilungskalender, Zuständigkeiten, und einem Projektplaner kann für Informationen genutzt werden, die von Interesse sind, aber nicht unbedingt am selben Tag oder in derselben Woche gelesen werden müssen. In einem abteilungsinternen Newsletter können wöchentlich oder zweiwöchentlich alle relevanten Informationen zusammengefasst werden.

Arbeitsgruppen

In einem großen Team erleichtert die Einführung von Arbeitsgruppen die Organisation im Alltag. Aufgaben werden nicht an stets neu gebildete Besetzungen, sondern an Arbeitsgruppen verteilt, die sich dann selbst organisieren. Diese Aufgaben umfassen z.B. das Abhalten der Teambesprechungen, das Aktualisieren von Programmen, die Durchführung von Aktionstagen etc. Aber auch Dienstvertretungen sollen zuerst in der Gruppe abgeklärt werden. Die Gruppen stellen sich selbstständig zusammen. Die Intensität der Zusammenarbeit obliegt dem Arbeitskreis selbst. Die Teamleitung erreicht durch diese Maßnahme mehr Selbstständigkeit, Austausch und Unterstützung innerhalb des Teams.

1 Kulturvermittlerin – 1 Semester – 1 Objekt

Jede Kulturvermittlerin erarbeitet pro Semester einen kurzen Abstract zu einem selbstgewählten Ausstellungsobjekt oder Thema. Ausgearbeitet werden Fakten, Funktionsweise, sozialhistorische Bedeutung, Migrations- oder Genderaspekte. Besonderer Fokus liegt auf dem Konnex zur Vermittlungsarbeit: In welche bestehenden Vermittlungen kann das Objekt eingebaut werden und für welche Zielgruppen ist es besonders gut geeignet? Zu Semesterende werden die Objekte präsentiert. Damit wachsen nach und nach die Unterlagen um besonders spannende Objektfakten an.

Das Team schätzt an dieser Aufgabe besonders, dass zum einen das Objekt frei wählbar ist und zum anderen, dass der Input und Wissenszuwachs durch die neu gewonnenen Objekt-Informationen der Kolleginnen sehr praxisnah ist. Diese Aufgabe stärkt den Expertinnen-Status jeder einzelnen Kulturvermittlerin innerhalb der Gruppe.

2.8.2.2 Ein Haus voll Wissen

Auf Pressekonferenzen geht es oft um Publikumszahlen, Quadratmeter und große Namen. Selten wird über die Qualität der Abläufe in den Teams der jeweiligen Institutionen gesprochen. Dabei ist eine Produktion eine Meisterleistung vieler Hände und Köpfe der Kultureinrichtung aus den verschiedensten Spezialgebieten. Alle haben mitgeholfen, damit die Produktion nun präsentiert und vermittelt werden kann.

Bevor eine solche Haltung nach außen dringen kann, muss sie intern gelebt werden. Für die hauseigenen Projekte darf die interne PR nicht vergessen werden. Eine besondere Betonung liegt hier auf dem Wort „Austausch". Es sollen eben nicht einseitig Präsentationen und Berichte über Tätigkeiten und Projekte vorgetragen werden, sondern auch hausintern Kommunikations-Werkzeuge wie world-cafes und Expertinnen-Zirkel initiiert werden.

Ein direkter Austausch aller Kolleginnen auf derselben Augenhöhe ist wichtig und sollte in regelmäßigen Abständen eingeplant werden, z.B. einmal jährlich mit jeder großen Abteilung. In großen Institutionen ist es besonders wichtig, dass alle Mitarbeiterinnen einander kennenlernen und sich miteinander austauschen: Name, Aufgaben in der Abteilung, Spezialgebiete, Ausbildung etc. Es wird dadurch zudem ermöglicht, den Blickwinkel des Gegenübers einzunehmen und beiderseits Verständnis und Akzeptanz zu gewinnen. Danach kann im Alltag die Zusammenarbeit viel einfacher funktionieren, bzw. können Missverständnisse oft relativ einfach aus dem Weg geräumt werden. Im Vordergrund steht der Austausch mit Abteilungen, mit denen die Kulturvermittlung eng zusammenarbeitet oder deren Aufgaben voneinander abhängig sind. So sind z.B. Sammlungen, Sonderausstellungen, Marketing oder die Restaurierung besonders relevante Abteilungen.

Aber auch gemeinsame Meetings mit dem Besucherinnen-Service, der Bibliothek oder der Verwaltung sind spannend und geben gegenseitig Einblick in das Tätigkeitsfeld. Der so gewonnene Erfahrungsaustausch bietet für alle Beteiligten neue Blickwinkel auf die Aufgaben des Hauses. Gemeinsam können Abläufe verbessert, mehr Transparenz geschaffen oder neue Besucherinnen-Formate (z.B.: „Blick hinter die Kulissen") geschaffen werden. Wichtige Informationen über Änderungen in den Ausstellungen rechtzeitig und direkt zu erfahren, bietet auch die Möglichkeit, Ideen auszutauschen.

2.8.2.3 Ein Netzwerk voll Erfahrung

Der Austausch im Berufsfeld Kulturvermittlung gilt nicht nur für die Abteilungsleitungen der einzelnen Institutionen. Diese sehen einander ohnehin regelmäßig auf Tagungen. Gleichermaßen wichtig ist es, dass sich die Vermittlungs-Teams direkt vernetzen und mehr über die Arbeit der anderen Institutionen erfahren. Diese Gespräche sind besonders aufschlussreich, da fast jedes Haus mit unterschiedlichen Zielgruppen und Formaten arbeitet, anders im Organigramm verankert ist oder unterschiedliche Vertragsformen vorherrschen. Auch die Aufgabenverteilung in der Vermittlungsabteilung selbst kann sehr unterschiedlich organisiert und gestaltet sein. Im Zuge von gegenseitigen Institutions-Besuchen kann man sowohl die Sammlungen, Formate und Räumlichkeiten als auch die jeweiligen Vermittlungs-Teams kennenlernen.

Tagungen sind nicht nur für die Leitung der Vermittlungsabteilung von Belang. Versierte Kulturvermittlerinnen können auf diesen Symposien neue Kontakte knüpfen, Projekte kennenlernen und wiederum neue Ideen und Strömungen in die Abteilung zurückzutragen.

PRAXISBEISPIEL AUS DEM TMW: Kooperation Sommercamps zwischen dem TMW und dem Tiergarten Schönbrunn
Seit 2010 verbindet eine besonders enge Zusammenarbeit das TMW mit dem Tiergarten Schönbrunn. Vermittlungsabteilung und Marketing beider Häuser organisieren jeden Sommer ein gemeinsames Kinderferienprogramm und führen es erfolgreich durch. Die Vermittlungs-Teams beider Institutionen arbeiten somit jährlich für sechs Wochen eng zusammen, was einen besonders intensiven Austausch von

Informationen und Methoden fördert. In dieser Kooperation sind vor allem die Ähnlichkeit der Zielgruppen und die unterschiedliche Herangehensweise der Mitarbeiterinnen-Organisation spannend.

3. Miteinander arbeiten

„Nach unserer Überzeugung gibt es kein größeres und wirksameres Mittel zu wechselseitiger Bildung als das Zusammenarbeiten."
Johann Wolfgang von Goethe

Wieso macht man sich Gedanken über die Basisaufgaben der Abteilung – den Vermittlungen, Organisation und Projekten – hinaus? Weil man die Menschen schätzt, mit denen man zusammenarbeitet, und weil man den Wert eines stabilen Teams mit nichts aufwiegen kann. Derzeit gibt es noch keinen Personalleitfaden für diese Branche, an dem man sich orientieren kann. Karrierechancen und langfristige Ziele für Kulturvermittlerinnen sind in vielen Instituten kaum vorgesehen. Dafür werden Aufopferung und Eigenengagement als ganz selbstverständlich angesehen. Lernen, Konzepte schreiben, Recherche – das alles soll am besten in der unbezahlten Freizeit passieren.

Vorrangiges Ziel ist es, diesen motivierten Kulturvermittlerinnen ansprechende Möglichkeiten zu bieten, um ihr Know-how langfristig an das Institut zu binden. Das beginnt bei der optimalen Schulung für den Berufseinstieg in die Kulturvermittlung, gefolgt von entsprechenden Herausforderungen für etablierte Kulturvermittlerinnen bis hin zu passenden Perspektiven, Vernetzungs- und Entwicklungsmöglichkeiten für engagierte Kolleginnen, unterteilt in verschiedene Personalentwicklungsphasen. Am Beginn der Entwicklung des Personalentwicklungsplans gilt es, die Fragen „Was schätzen Mitarbeiterinnen an ihrem Job?" sowie „Unter welchen Bedingungen möchte man zusammenarbeiten?" mit den Zielen der Kultureinrichtung und Abteilung abzustimmen. Zufriedene Kulturvermittlerinnen spiegeln diese Haltung im Publikumsbetrieb wider und helfen somit einer Institution zum Erfolg.

Die wichtigsten Aspekte, die in den Personalentwicklungsplan eingeflossen sind, sind hierfür:

- Gegenseitigen Respekt leben
- Eine herausfordernde, interessante Arbeit ausführen
- Anerkennung für erbrachte Leistungen bekommen
- Die Resultate der eigenen Arbeit sehen können
- Selbstständigkeit fördern
- Wissen und Information (Vision) teilen
- Gehör bekommen
- Mitsprache und Teilhabe aller leben
- In einem effizienten Team arbeiten

3.1 Leiten auf Augenhöhe

Veränderungen in der Arbeitswelt ergeben immer wieder neue Anforderungen für Arbeitgeberinnen, Teamleitungen und Arbeitnehmerinnen. Der Führungsstil hat hierbei nicht nur direkten Einfluss auf den Erfolg oder Misserfolg eines Teams oder einer Abteilung. Er sagt in seiner Gesamtheit etwas über die

Philosophie des Miteinander-Arbeitens aus:

- Wie arbeitet die Abteilung zusammen?
- Welche Hierarchien gibt es wann und warum?
- Welche Ordnung herrscht vor?

Vermittlung im Energiebereich

Ein verantwortungsvoller Führungsstil fordert zur Partizipation aller Mitarbeiterinnen auf und fördert das systematische Wissen. Armin Klein erklärt sehr anschaulich, wie die Leitung durch ein positives oder negatives Bild über ihre Mitarbeiterinnen deren Handlungen beeinflussen kann.[11] In einer Art self-fullfilling-prophecy steuert ein Team durch eine negative Grundhaltung der Teamleitung und deren Auswirkungen in eine Abwärts-Spirale. Im Fall der Kulturvermittlung würde eine solche Einstellung der Leitung z.B. Folgendes implizieren:

- Nur Anweisungen statt Zusammenarbeit
- Ständige Kontrolle über alle Tätigkeiten
- Keinen Gestaltungsspielraum
- Strenge Vorgabe aller Konzepte und Inhalte
- Vorurteile wie z.B. „Das Team benimmt sich wie im Kindergarten, immer wird wegen der Führungen gestritten","Die Mitarbeiterinnen sind so unzuverlässig, alles muss man kontrollieren" herrschen vor und bestimmen den Alltag.

Die Leitung vertraut nicht in die Fähigkeiten ihrer Mitarbeiterinnen und gibt ihnen nicht die Chance, sich zu beweisen. Die Kulturvermittlerinnen ihrerseits spüren diese Haltung. Weil echte Erklärungen hinter den Anweisungen fehlen, befolgen sie sie nicht oder ärgern sich nur darüber. Über kurz oder lang machen sie Dienst nach Vorschrift und setzen ihr Talent nicht mehr für die Institution ein.

---

[11] *Armin Klein*, Der exzellente Kulturbetrieb, S.175.

64

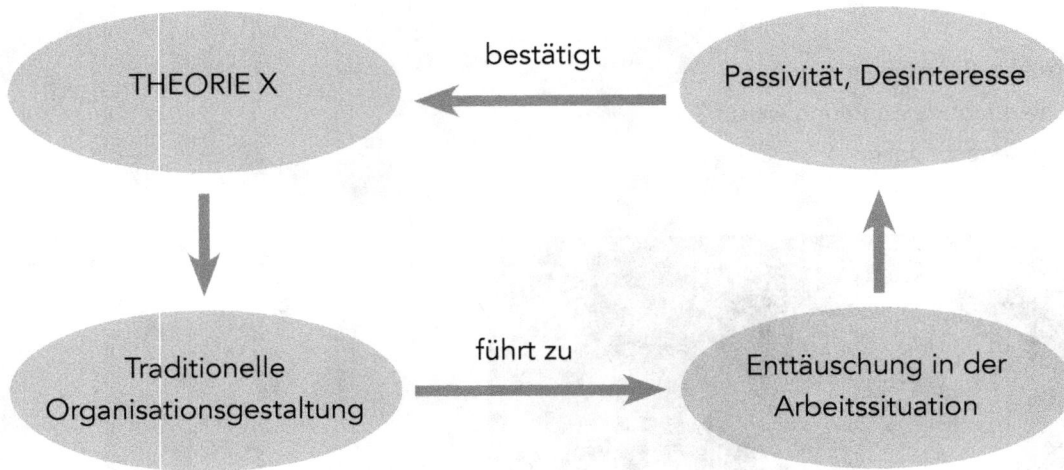

```
┌─────────────────┐    bestätigt    ┌──────────────────────┐
│    THEORIE X    │ ◄────────────── │ Passivität, Desinteresse │
└─────────────────┘                 └──────────────────────┘
        │                                       ▲
        ▼                                       │
┌─────────────────┐    führt zu     ┌──────────────────────┐
│   Traditionelle │ ──────────────► │   Enttäuschung in der │
│ Organisationsgestaltung │         │     Arbeitssituation  │
└─────────────────┘                 └──────────────────────┘
```

Teamleitung „Theorie X - negativer Zirkel" nach Mc Gregor

Wenn die Leitung hingegen die Überzeugung vertritt, dass hier fähige, kreative Kulturvermittlerinnen zusammenarbeiten, ihre Mitarbeiterinnen zur Selbstständigkeit auffordert und ihnen Möglichkeiten zur Entfaltung bietet, tritt der gegenteilige Effekt ein und das Team wird durch positive Einstellung beflügelt.

Beispiele aus der Vermittlung sind:

- Gestaltungsspielraum in der Umsetzung der Vermittlungen
- Selbstständige Konzeptausarbeitungen der Kulturvermittlerinnen
- Gemeinsame Zielvereinbarungen
- Delegation von Aufgaben

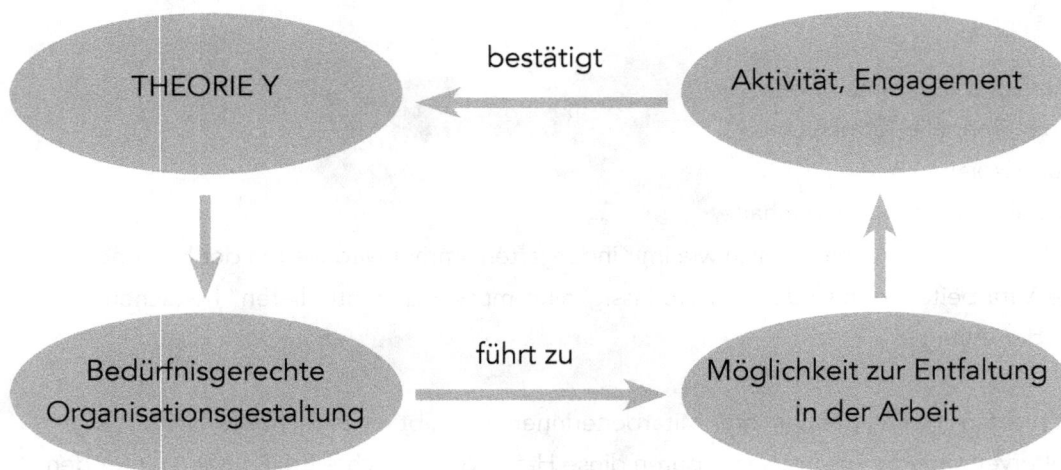

```
┌─────────────────┐    bestätigt    ┌──────────────────────┐
│    THEORIE Y    │ ◄────────────── │  Aktivität, Engagement │
└─────────────────┘                 └──────────────────────┘
        │                                       ▲
        ▼                                       │
┌─────────────────┐    führt zu     ┌──────────────────────┐
│ Bedürfnisgerechte │ ─────────────► │ Möglichkeit zur Entfaltung │
│ Organisationsgestaltung │         │      in der Arbeit     │
└─────────────────┘                 └──────────────────────┘
```

Teamleitung „Theorie Y - positiver Zirkel" nach Mc Gregor

ARBEITSBEISPIEL: Übertragung einer Aufgabe

Die Ordnung in den Gruppenräumen wird an eine Kulturvermittlerin übertragen. Die Tätigkeit wird von der Teamleitung und der Kulturvermittlerin gemeinsam durchgesprochen und der Rahmen von der Teamleitung vorgegeben. Der Rahmen der Gruppenraum-Ordnung ist z.B.:

- Alle Teammitglieder müssen darüber informiert sein, wo sich das Material befindet.
- Das Material muss in Ordnung gehalten werden.
- Die Mitarbeiterin kann selbstständig kleinere Reparaturen und Bestellungen veranlassen.
- Die Mitarbeiterin muss somit auch über das Bestellprozedere im Haus und ihren Budgetrahmen Bescheid wissen.
- Wie diese Tätigkeiten künftig umgesetzt werden, liegt im Spielraum der Mitarbeiterin.

Die Anforderungen an die Vermittlungsarbeit werden immer umfassender: Neben Fachwissen und Methodenvielfalt sollen auch Organisationsgabe, Kundenmanagement, Kenntnisse zu social media, BWL, Marketing, Erfahrung mit internationalen Vernetzungen, Teamführungs-Kompetenzen, Sprachenvielfalt und technisches Know-how beherrscht werden um nur die wichtigsten Punkte zu nennen. Keine Mitarbeiterin, auch keine Führungskraft, kann all diese Kompetenzen in sich vereinen. Deswegen ist die Diversität innerhalb eines Teams von besonders großem Vorteil. Ein Team von Frauen und Männern verschiedener Herkunft mit unterschiedlichem Bildungshintergrund und Biographie ermöglicht neue Ideen und Denkansätze. Gepaart mit inspirierenden Rahmenbedingungen für Austausch, Kooperation und Vernetzung ist die Abteilung am richtigen Weg. Um die Idee des deutschen Psychologen Peter Kruse aufzugreifen, der sich seit vielen Jahren mit der Erforschung der Komplexitätsverarbeitung in intelligenten Netzwerken beschäftigt, sind die wichtigsten Parameter der modernen Mitarbeiterinnen-Führung folgende[12]:

- Organisation optimieren: Organisieren und steuern von Systemen (Zielvereinbarungen, Controlling, Transparenz)
- Menschen coachen: ein Team führen
- Menschen faszinieren: Sinn stiften, eine wertvolle Arbeit schaffen und die Vision kommunizieren
- Menschen vernetzen: die summarische Intelligenz eines gut funktionierenden Teams fördern

Die Aufgaben der Kulturvermittlung bieten die besten Voraussetzungen für eine derartige Mitarbeiterinnen-Förderung und Arbeitsstruktur. Mitarbeiterinnen wird der Freiraum gegeben, ihr persönliches Innovationspotenzial zu steigern, Talente auszubauen und sich zu vernetzen. In der Abteilung müssen attraktive Partizipationsprozesse gelebt werden, unter denen Veränderungen gleichberechtigt von allen eingebracht werden können. Dabei wird der Kulturvermittlerin selbst die Verantwortung für Möglichkeiten und Machbarkeit übergeben. Als Leitung gibt man damit zwar eine gewisse Kontrolle und Verantwortung aus der Hand, der Gewinn ist aber ungleich größer. Die Kreativität wird durch Selbstständigkeit und die Umsetzung eigener Ideen beflügelt. Die Vermittlungen gewinnen an Qualität und werden mit mehr Begeisterung an das Publikum weitergegeben.

Die Richtlinien für einen Führungsstil auf Augenhöhe sind:

- Transparenz und Fairness: Entscheidungen begründen
- Vision: Ziele definieren und kommunizieren
- Unterstützen – Wertschätzen – Vertrauen

---

[12] *Peter Kruse,* Next practice – erfolgreiches Management von Instabilität.

- Zustimmung und Teamgefühl: Teilhabe ermöglichen
- Kontinuität und Stabilität: klare Ziele definieren, stringente Entscheidungen treffen
- Zusammenarbeit: im Team, in der Institution, mit dem Publikum miteinander arbeiten
- Umsetzen! Dinge erledigen

Die Mitarbeiterin hat den Gestaltungsspielraum, selbst Vermittlungsziel und Zielgruppe, Ressourcen und Umsetzung zu definieren. Das muss nicht gleich die Entwicklung eines komplett neuen Vermittlungs-programms sein, sondern kann ein Aspekt in einer bestehenden Führung sein, die Gestaltung eines Aktionstages oder Ideen für die aktivierende Partizipation von Besucherinnen in der Institution. Mit solch anregenden Arbeitsbedingungen kann schnell mit dem Vorurteil aufgeräumt werden, dass Angestellten-dienstverhältnisse und ein gleichbleibendes Team zu Stagnation oder gar Einbuße an Kreativität im Vermittlungsprogramm führen.

Spaß – bei den Mitarbeiterinnen sowie beim Publikum – ist dabei als Quelle für Innovationen nicht zu unterschätzen.

Diese Schlagwörter sollen nicht nur auf die Fahnen geheftet werden, sondern im Alltag gelebt werden. Die Abteilung überlegt laufend, wie Transparenz gefördert, aktive Unterstützung geboten und Stabilität gewährleistet werden kann. Mit diesen Ideen und Werten im Kopf geht es an die Erarbeitung des Personalentwicklungsplans sowie an die Ausarbeitung der Mitarbeiterinnen-Gespräche. Die Teamleitung hat die ernsthafte Bestrebung ihre Mitarbeiterinnen erfolgreich zu machen. Als Leitung verlangt dieser Prozess auch ständige Arbeit an sich selbst. Fähigkeiten wie Verlässlichkeit, Offenheit und Kritikfähigkeit müssen konstant ausgebaut werden.

3.2 Kulturvermittlung – ein Beruf mit Perspektiven

In der Literatur finden sich hauptsächlich Karrierepläne für die Führungsebene: Wie man leitende Angestellte findet, welche Fähigkeiten Managerinnen mitbringen sollen und welche Kompetenzen bei Führungskräften noch ausgebaut werden müssen. Das widerspricht der Philosophie, dass jede einzelne Arbeitnehmerin ausschlaggebend für den Erfolg einer Organisation zur Umsetzung ihrer Ziele ist. Die Kulturvermittlerinnen sind zum einen die Visitenkarte des Hauses, aber auch im privaten Umfeld erzählen Mitarbeiterinnen über ihren Arbeitsplatz. Durch faire Arbeitsbedingungen positioniert sich der Kulturbetrieb über die Belegschaft als attraktive Arbeitgebermarke, so genanntes Employerbranding, und zieht dadurch hochqualifizierte und motivierte Mitarbeiterinnen an. Auf die viel zitierte „Ehre" in einem prestigeträchtigen Haus arbeiten zu können, sollte sich die Kulturinstitution als Arbeitgeber nicht verlassen.

Ein transparenter, gerechter und durchführbarer Plan zeigt Kulturvermittlerinnen Möglichkeiten zur Entwicklung auf und bietet einen Orientierungsrahmen – sowohl für die Kulturvermittlerinnen – als auch für deren Vorgesetzte sowie der Verwaltung. Personalentwicklung muss immer organisationsbezogen, zweckgewidmet und arbeitsbezogen sein und die Ziele der Institution mit denen der Mitarbeiterinnen verbinden. Wenn die Perspektiven fehlen, entsteht eine höhere Fluktuation bei den Dienstnehmerinnen. Wertvolles Wissen wandert ab, und Neuzugänge müssen immer wieder mit viel Aufwand geschult werden. Die Qualität der Vermittlungsarbeit kann so nur mit sehr viel mehr Aufwand gehalten werden.

Der Personalentwicklungsplan für Kulturvermittlerinnen gliedert sich in mehrere Phasen, wobei die ersten beiden Phasen die Standard-Phasen bilden, die alle Kulturvermittlerinnen durchlaufen. Die dritte und vierte Phase sind fakultative Zusatzstufen für Mitarbeiterinnen, die hauptberuflich in der Kulturvermittlung arbeiten möchten. Lernt eine Kulturvermittlerin den Betrieb der Kultureinrichtung von Grund auf kennen, kann sie diese Kenntnisse später in noch zielgruppengerechtere Arbeit für die Institution umsetzen.

AUFNAHME   **Prä-Phase: Auswahl neuer Kulturvermittlerinnen**
STANDARD   **Erste Phase: Ausbildung zur Kulturvermittlerin**
               Zweite Phase: Kulturvermittlerin
BERUFSBILD **Dritte Phase: Weiterbildung zur Kulturvermittlungs-Expertin**
               Vierte Phase: Kulturvermittlungs-Expertin

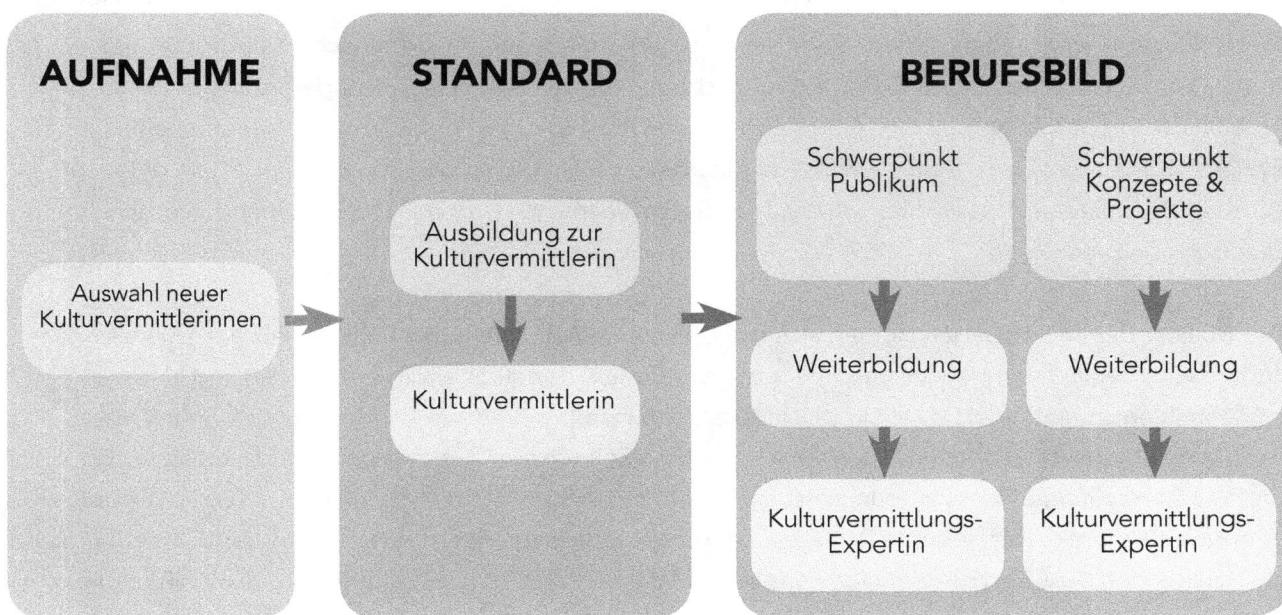

Personalentwicklungsplan Kulturvermittlung

In den folgenden Abschnitten wird zunächst jede Phase genau charakterisiert und die Entwicklung der Anforderungen sowie der Struktur für Mitarbeiterin, Abteilung und Institut beleuchtet, angefangen bei dem entscheidenden Auswahlprozedere für neue Mitarbeiterinnen.

Je klarer und transparenter die Parameter jeder Phase definiert und an alle Beteiligten kommuniziert sind, desto weniger Unmut gibt es darüber. Selbstverständlich müssen die Anforderungen von Zeit zu Zeit gemeinsam diskutiert und aktualisiert werden, um zeitgemäß zu bleiben. Nachhaltigkeit in der Zusammenarbeit bedeutet, dass morgen noch gilt, was heute vereinbart wurde. Eine generelle Grundrichtung, an der sich alle Mitarbeiterinnen langfristig orientieren können, trägt sehr zur Ruhe in einer Abteilung bei. Dieser Personalentwicklungsplan wird in der Vermittlungsabteilung des TMW bereits gelebt und umgesetzt, somit stellt das gesamte Kapitel ein PRAXIS-BEISPIEL AUS DEM TMW dar. Die Abteilung profitiert besonders von der Diversität der Spezialgebiete der Kulturvermittlerinnen, da sich dadurch besonders spannende, interdisziplinäre und professionelle Vermittlungskonzepte umsetzen lassen. Es braucht die unterschiedlichen Expertinnen aus Pädagogik, Naturwissenschaften, Kunst und Geschichte so wie „alte Hasen" und „frischen Wind", um den Anforderungen des anspruchsvollen Publikums zu genügen.

3.2.1 Neue Kulturvermittlerin gesucht!

Die Personalplanung startet bei der präzisen Auswahl von geeigneten Mitarbeiterinnen. Vor einer Ausschreibung wird das aktuelle Anforderungsprofil erhoben: Welche Kompetenzen und welches Fachwissen fehlen gerade im Team oder in der Abteilung? Eine sorgfältige und gut geplante Auswahl ist für alle Positionen einer Abteilung erforderlich, damit ein perfektes Zusammenspiel an Kompetenzen möglich ist.

Wann werden neue Kulturvermittlerinnen aufgenommen?
Zum einen braucht die Abteilung neue Kräfte, wenn eine Mitarbeiterin das Team verlässt, sei es durch Karenz, Pension, Stundenreduktion, Wechsel zu einer anderen Abteilung oder eben Jobwechsel. Zum anderen kann der Bedarf steigen und mit den vorhandenen Mitarbeiterinnen-Ressourcen nicht mehr abgedeckt werden. In diesem Fall wird vorab mit der Personalverwaltung darüber verhandelt, in welchem Ausmaß erhöhter Bedarf besteht, wie viele Stunden und Mitarbeiterinnen künftig zur Abdeckung benötigen werden. Hierbei ist es möglich, dass die Anstellung oder Stundenerhöhung zunächst befristet ist, um zu erheben, ob der Bedarf dauerhaft gestiegen ist oder nur während einer besonders erfolgreichen Produktion erhöht war. Nicht außer Acht zu lassen ist dabei, dass die Vermittlungsarbeit immer einen langen Einschulungsprozess bedarf, eine kurzfristige Mitarbeiterinnenaufstockung also meist nicht die geeignete Wahl zur Bedarfsabdeckung ist. Für kurzfristigen Bedarf sollten die Stunden des bestehenden geschulten Teams angehoben werden.

Die Qualität der Bewerbungen steigert sich stark, wenn die Ausschreibung nicht wahllos auf Studierenden-Jobbörsen oder in Zeitungen ausgeschrieben wird, sondern gezielt über die Plattformen und Netzwerke der Abteilung kommuniziert wird. Ein zu knappes Zeitfenster für die Ausschreibung kann hinderlich sein. Auch gute Kulturvermittlerinnen brauchen ein bisschen Zeit um sich zu bewerben. Mindestens zwei bis drei Wochen sollte die Ausschreibungsfrist laufen, um möglichst viele der gewünschten Kandidatinnen erreichen zu können. Der gesamte Bewerbungsprozess an sich von der Ausschreibung, zur Vorbereitung und anschließenden Auswahl dauert mindestens sechs Wochen. Nach der Anstellung muss die Einschulungszeit mit eingerechnet werden, bis die neue Kulturvermittlerin selbstständig zur Tat schreiten kann. Eine gute Personal- und Ressourcenplanung trägt maßgeblich zum Gelingen der Abteilungs-Aufgaben bei, da nicht überhastete Fehlentscheidungen aus Personalknappheit getroffen werden müssen und neuen Kulturvermittlerinnen genügend Zeit zur Einarbeitung haben. Die Leidtragenden im anderen Fall wäre in erster Linie das Publikum, das ggf. keine adäquate Vermittlung bekommt, und schlussendlich die Institution und die Abteilung, die ihren Ruf der Vermittlungsqualität verteidigen müsste.

Um die Qualität der Vermittlungen und die Abteilungs-Leistung dauerhaft zu steigern, ist bei der Einstellung neuer Kulturvermittlerinnen auf folgende Merkmale zu achten:

- Fachkompetenz und/oder Berufserfahrung: das erforderliche Wissen und die Kompetenzen mitbringen
- Methoden- und Konzeptkompetenz: die Fähigkeit die richtige Methode zur Problemlösung zu finden; ein Gefühl für zielgruppengerechte Vermittlungen zu haben
- Sozialkompetenz: Teamfähigkeit, Verantwortungsbewusstsein, Kommunikationsfähigkeit und nicht zuletzt Kundenorientierung im Blut haben
- Psychologische Kompetenz: Motivation und Einsatzwillen zeigen

In einem mehrstufigen Auswahl-Prozedere werden die neuen Kulturvermittlerinnen eruiert. Diese Methode wird seit 2010 am TMW angewendet und hat ein sehr talentiertes und engagiertes Kulturvermittlungsteam hervorgebracht.

Bewerbungsstufen Kulturvermittlung:

- Einheitlicher Bewerbungsbogen
- Infotag mit Probe-Führung
- Persönliches Interview

Da Bewerbungen und Lebensläufe stark im Informationsgehalt schwanken, vereinfacht ein einheitlicher Bewerbungsbogen die erste Auswahl der Kandidatinnen sehr. Der Bewerbungsbogen fragt neben den allgemein gültigen Bewerbungsinformationen gezielt die Kriterien der Kulturvermittlung am Institut ab, wie z.B. Erfahrungen mit den Zielgruppen des Hauses, didaktische Fähigkeiten, sammlungsbezogenes Wissen etc.

Für die Ermittlung neuer Mitarbeiterinnen wird ein kleines, gleichberechtigtes Komitee gebildet, bestehend aus Teamleitung, Abteilungsleitung und zwei repräsentativen Mitgliedern des Kulturvermittlungs-Teams. Hier wird auf Ausgewogenheit geachtet: Es wird je eine Frau und ein Mann herangezogen, die jeweils einen pädagogischen sowie naturwissenschaftlichen (oder kunsthistorischen etc.) Background haben und deren Kerngeschäft die Hauptzielgruppen der Institution widerspiegelt.

Aus den eingelangten Bewerbungen werden die geeignetsten Anwärterinnen herausgefiltert und zu einem Infotag in den Kulturbetrieb eingeladen. Der Infotag gliedert sich in einen Informationsteil und eine Vermittlungsprobe. Im Informationsteil präsentiert die Abteilungsleitung die Kulturinstitution und die Abteilung. Dieser Teil dient dazu, Erwartungshaltungen zwischen der Institution und den Bewerberinnen abzugleichen und nicht zuletzt dazu, die Kandidatinnen kennenzulernen: Wer ist besonders interessiert, aufmerksam oder gedanklich abwesend? Die Teamleitung gibt eine Übersicht über die künftigen Aufgaben, das Programm und die Organisation der Abteilung. Die Kulturvermittlerinnen berichten aus ihrem Arbeitsalltag mit Zielgruppen und Kolleginnen.

Für die Probeführungen bereiten die Kandidatinnen im Vorfeld eine kurze Vermittlung zu einem Objekt ihrer Wahl für eine vorgegebene Zielgruppe vor. Zur Vorbereitung dieser Aufgabe können sie ca. zwei Wochen vorab jederzeit kostenlos das Haus besuchen. Der fachliche Inhalt selbst ist dabei etwas weniger relevant als die Wahl der adäquaten Methode. Das Publikum der Mini-Vermittlung stellen neben der Jury die anderen Kandidatinnen dar. Die Vermittlungsprobe gibt einen ersten Eindruck über Motivation und Fertigkeiten der Bewerberinnen. Der besondere Vorteil dieser Audition ist, dass die Kandidatinnen direkt in der Ausstellung erlebt und miteinander verglichen werden können.

Im Anschluss trifft das Komitee eine gleichberechtigte Vorentscheidung. Die erfolgversprechendsten Anwärterinnen werden zu Einzelinterviews eingeladen, um nochmals die wichtigsten Parameter der Abteilung mit den Erwartungen der Bewerberin abzugleichen. Abschließend wird die Auswahl getroffen und der Grundstein für eine neue Vermittlungskarriere gelegt. Sowohl die neue Mitarbeiterin als auch das bestehende Team nehmen durch dieses aufwändige Aufnahmeverfahren wahr, dass dieser Position viel Wert beigemessen und Vertrauen entgegengebracht wird. Die Personalabteilung ist für die formale Abwicklung der Einstellung zuständig. D.h. sie benötigt Informationen in Bezug auf Einstellungsdatum und

Stundenausmaß der neuen Mitarbeiterin, bis wann der Vertrag befristet ist, den Personalerhebungsbogen und die üblichen Informationen für neue Kolleginnen.

Transparentes Zusammenarbeiten bedeutet im Bewerbungsprozess, dem Team vorab bekannt zu geben, dass eine Stelle ausgeschrieben wird und warum die Stunden nicht innerhalb der bestehenden Gruppe verteilt werden (können). Gründe hierfür können sein, dass immer eine bestimmte Kulturvermittlerinnenanzahl im Team benötigt wird, um den Dienstplan erstellen zu können, oder weil z.B. eine bestimmte Kompetenz in der Abteilung fehlt. Ebenso wird der Zeitplan der Bewerbungen und Aufnahmephase kommuniziert, welche Kulturvermittlerinnen das Auswahl-Komitee unterstützen werden und wieso gerade diese repräsentativ ausgewählt wurden. Wenn die neue Kulturvermittlerin feststeht, erhält das Team die Informationen, wer weshalb ausgewählt wurde und was das genaue Tätigkeitsfeld der neuen Kollegin umfassen wird. Bei der ersten gemeinsamen Teamsitzung gibt es eine Vorstellungsrunde.

3.2.2 Ausbildung zur Kulturvermittlerin

Anforderungen und Herausforderungen	Phase 1: Ausbildung zur Kulturvermittlerin
Inhalte	• stark gebuchte Programme & Ausstellungen
Methoden	• Handwerkszeug für die wichtigsten Zielgruppen
Abteilung und Institution	• Abteilungsabläufe & Betriebssysteme
	• Handlungsfelder & Projekte der Abteilung
	• Institutions-Organigramm
Weiterbildung	• Weiterbildungs-Curriculum Kulturvermittlungs-Team
	• Trainingseinheiten mit Teamleitung
	• Peer-to-peer-Einheiten im Team
Außerhalb der Abteilung	• Überprüfung der Ausstellungsinhalte durch Kuratorinnen
	• Überblick über regionale Kulturszene
Struktur	
Vertrag	• ca. 15 Wochenstunden; befristet
Dauer	• ca. 1 Jahr; bzw. bis die Kenntnisse erworben wurden
Stundenschlüssel	• ab dem 3. Monat: 80% Vermittlungsstunden, 20% Bürostunden
Karenz	• Bildungskarenz nicht möglich
	• Bei Schwangerschaft kann sich die Vertrags-Befristung bis zum Beginn der Schutzfrist verlängern.
Motivationsfaktoren	• (befristeter) Angestelltenvertrag
	• Weiterbildungs-Curriculum Kulturvermittlungs-Team
	• Einblick ins Berufsfeld Kultur

Personalentwicklungsplan Kulturvermittlung: Phase 1 Ausbildung zur Kulturvermittlerin

Neue Mitarbeiterinnen zu schulen ist besonders zeitaufwändig. Das liegt an der Größe der Institution, dem Umfang der angebotenen Vermittlungen und an den unterschiedlichen Formaten sowie an den verschiedenen Zielgruppen des Hauses. Die elementaren Grundlagen der Kulturvermittlungstätigkeiten müssen vom ganzen Team einheitlich abgedeckt werden. Deswegen durchläuft jede neue Kulturvermittlerin eine „Basis-Schulung". Diese deckt die zentralen Vermittlungsprogramme und die Ausstellungen ab und gibt Zeit, verschiedene didaktische Methoden für die Zielgruppen der Kultureinrichtung auszuprobieren und zu verfeinern. Daneben werden organisatorische Kenntnisse für die Zusammenarbeit in der Abteilung erlernt.

Die Strategie in der Trainingsphase ist angeleitet und unterstützend und verlangt eine hohe Interaktion zwischen Teamleitung und neuer Mitarbeiterin, die z.B. Schulungen, Überprüfungen, Feedbacks, Erklärungen umfassen. Die neue Kulturvermittlerin bekommt einen Schulungsplan, der Hospitation, Peer-to-peer-Einheiten mit erfahrenen Kolleginnen sowie Didaktik-Trainings und Verwaltungs- und Organisationsschulungen mit der Teamleitung beinhaltet. In der Anfangszeit wird die neue Kulturvermittlerin hauptsächlich für Formate eingeteilt, die nicht allein durchgeführt werden. So kann verstärkt voneinander gelernt und schwierige Situationen können leichter gemeistert werden. Neben den allgemeinen Teamsitzungen gibt es monatlich noch einen weiteren Besprechungs- und Schulungstermin für die Kolleginnen des Ausbildungsjahres. Hier ist Raum, um alle Fragen und Unklarheiten auszuräumen und den Schulungsplan gemeinsam durchzugehen.

3.2.2.1 Anforderungen und Herausforderungen Phase 1

Inhalte und Methoden

Zu Beginn werden die meist gebuchten Programme und Ausstellungsbereiche erlernt sowie die essentiellen Vermittlungsmethoden für die Hauptzielgruppen des Kulturinstituts. Grundvoraussetzung hierfür ist, dass die Teamleitung im Vorfeld definiert hat, welche Vermittlungen das umfasst und auch Zeitrahmen und Abfolge des Erlernens vorgibt, siehe Kapitel 2.7.1 „Das Zeug zur Kulturvermittlerin".

Das Erlernen selbst erfolgt zum einen durch Peer-to-peer-Einheiten mit versierten Kolleginnen, zum anderen durch Einschulungen mit der Teamleitung sowie durch selbst gesteuertes Lernen der Inhalte. Im ersten Monat wird die Arbeitszeit zu 100% für Einschulungen genutzt. Anschließend folgen nach und nach Vermittlungen, die gemeinsam mit Kolleginnen z.B. in Doppelconférence stattfinden, bis die Mitarbeiterin nach ca. drei Monaten genug Erfahrungen gesammelt hat, um allein Besucherinteraktionen durchführen zu können. Die Überprüfungen der erlernten Vermittlungen erfolgen im Zusammenspiel zwischen Sammlungen und Kulturvermittlung. Dabei richtet die Kuratorin das Hauptaugenmerk auf die Inhalte zu Objekten und kann mit Expertisen zum Fachgebiet weiterhelfen, wohingegen die Teamleiterin vor allem auf storytelling, zielgruppengerechte Vermittlung, Wegführung, Körpersprache, Aussprache etc. achtet und Feedback gibt.

Abteilung und Institution

Die erste Arbeitszeit dient vor allem dem Kennenlernen sowohl der Kolleginnen als auch der Räumlichkeiten und der Betriebssysteme. Alle organisatorischen Abläufe, wie Diensterstellung, Krankenstand, Unterlagen, Login-Systeme etc. werden direkt von der Teamleitung erklärt und mit Hand-outs unterlegt. Das beansprucht Zeit, verhindert aber nachträgliches Chaos, das bei mündlicher Überlieferung innerhalb des Teams entstehen kann. Weiters steht ein Überblick über die Verortung der Abteilung im Kulturbetriebs-Organigramm sowie über die Kooperationen der Abteilung, laufende Projekte etc. am Programm der ersten Phase. Dadurch werden die Aufgaben der Abteilung für die neue Kulturvermittlerin greifbarer.

Weiterbildung und Coaching

Zum einen gibt es ein Weiterbildungs-Curriculum für das gesamte Team, siehe Kapitel 3.4 „Die steten Wissenssammlerinnen". Überdies erfordert der unterschiedliche Erfahrungsgrad der Mitarbeiterinnen dementsprechend angepasste Schulungen und Coachings. Ab dem ersten Tag nimmt die Kollegin am Schulungs- und Fortbildungsprogramm des Vermittlungs-Teams teil. Zusätzlich stehen in der ersten Phase intensive Trainingseinheiten mit der Teamleitung am Programm. Methoden, Didaktik, Ausstellungsinhalte, Sprech- und Moderationstraining, Umgang mit Gruppen und Wegführung werden erlernt. Diese Fähigkeiten werden von der Teamleitung regelmäßig direkt vor Ort in Augenschein genommen, um im anschließenden Feedback anhand der aktuellen Situation Steuerungen in der Ausbildung vornehmen zu können. Die Führungsstrategie ist begleitend und anleitend, da die neue Mitarbeiterin besonders viel Informationen und Rückmeldung braucht.

Außerhalb der Abteilung

Weil Kulturvermittlerinnen die Schnittstelle zwischen Kultureinrichtung und Publikum sind, ist ein offener Blick innerhalb und außerhalb der Institution wertvoll, um reflektiert die Inhalte zu verorten und in spannende Kontexte setzen zu können. In der ersten und zweiten Phase bedeutet das für die Kulturvermittlerin, dass innerhalb der Institution die Berührungspunkte mit anderen Abteilungen vor allem beim Erlernen der Ausstellungsinhalte sowie bei der Durchführung von Rahmenprogrammen für Marketing und Sonderausstellungen gegeben sind. Der Blick über den Tellerrand des eigenen Kulturbetriebs hinaus und Grundkenntnisse über die wichtigsten Angebote im kulturellen Spektrum sind unabdingbar in der Vermittlungsarbeit. Welche Ausstellungen laufen gerade in den Partner-Instituten? Wer sind die Leiterinnen der lokalen Kulturbetriebe und dortigen Vermittlungsabteilungen? Auch die Abteilungsbesprechungen, die Pinnwand, Linksammellisten und Mails informieren über wichtige Neuigkeiten im kulturellen Umfeld.

3.2.2.2 Struktureller Aufbau Phase 1

Nicht nur die Anforderungen und Herausforderungen verändern sich von Phase zu Phase. Diese Dynamiken spiegeln sich auch im Stundenausmaß, in der Möglichkeit in Bildungskarenz zu gehen etc. wider. Veränderungen werden im Vertrag und in der Stellenbeschreibung festgehalten.

Vertrag und alles drumherum

Die Anstellung ist zunächst auf ein Jahr befristet. Das Stundenausmaß beträgt ca. 15 Wochenstunden. Die Eignung als künftige Kulturvermittlerin wird geprüft und falls ggf. doch kein Potenzial gesehen wird oder keine Ressourcen vorhanden sind, endet der Vertrag nach einem Jahr automatisch. Die Dauer der ersten Phase beträgt demnach ein Jahr bzw. bis die angeforderten Kenntnisse erworben sind. Der Stundenschlüssel ist ab dem dritten Monat 80% Vermittlungen und 20% Bürotätigkeit, zuvor wird fast ausschließlich gelernt.

Karenzen

Wird eine Mitarbeiterin während der ersten Phase mit befristeten Vertrag schwanger, kann sich die Befristung bis zum Beginn der Schutzfrist verlängern. Bildungskarenzen sind erst ab der dritten Phase möglich.

3.2.2.3 Motivationshighlights Phase 1

Zu den ersten Motivationshighlights zählen ein (befristeter) Angestelltenvertrag und der Ausblick auf eine Karriere in der Kulturvermittlung. Um dieses Ziel zu erreichen erhält die Kulturvermittlerin von Anfang an Schulungen und Trainings mit Expertinnen der Institution und Fachleuten aus relevanten Bereichen sowie einen Einblick in das spannende Berufsfeld „Kultur".

Profil einer Kulturvermittlerin am Ende der ersten Phase
Ziel ist, dass eine Kulturvermittlerin am Ende dieser Etappe die wichtigsten Programme sicher und zielgruppengerecht vermitteln kann sowie sich selbstständig in einfachen Verwaltungsaufgaben der Abteilung zurechtfindet. Die Erfahrung zeigt, dass allein das Erreichen dieses Grundwissens mindestens ein Jahr in Anspruch nimmt.

3.2.3 Kulturvermittlerin

Anforderungen und Herausforderungen	Phase 2: Kulturvermittlerin
Inhalte	• gesamtes Standard-Programm & Ausstellungen
Methoden	• Methodenkompetenz für alle Hauptzielgruppen
Abteilung und Institution	• Kleinere org. Verantwortungen
	• Handlungsfelder & Projekte der Institution
Weiterbildung	• Weiterbildungs-Curriculum Kulturvermittlungs-Team
	• Vertiefung in Ausstellungsinhalte & Vermittlungsmethoden
	• Moderations- & Stimmtrainings
Außerhalb der Abteilung	• Überprüfung der Ausstellungsinhalte durch Kuratorinnen
	• Überblick über regionale Kulturszene
Struktur	
Vertrag	• ca. 20 Wochenstunden; unbefristet
	• Lohnerhöhung
Dauer	• mind. 2 Jahre bzw. bis die Kenntnisse erworben wurden
	• Unbefristet bei geplanter nebenberuflicher Tätigkeit
Stundenschlüssel	• 70% Vermittlungsstunden, 30% Bürostunden
Karenz	• Bildungskarenz nicht möglich
	• Elternkarenz: Auf Dauer der Karenz Aufteilung der Stunden auf Kulturvermittlerinnen der 1.–2. Phase
Motivationsfaktoren	• unbefristeter Angestelltenvertrag
	• Stundenerhöhung
	• Lohnerhöhung
	• Schulungen und Trainings in der Institution
	• Erweiterung der Kompetenzen
	• Förderung des Potentials & Unterstützung bei Schwächen

Personalentwicklungsplan Kulturvermittlung: Phase 2 Kulturvermittlerin

Die wichtigsten Vermittlungsprogramme sind bereits im ersten Abschnitt erlernt worden. Aber das ist nur ein Teil des umfangreichen Führungsangebotes einer Kulturinstitution. In der zweiten Phase gilt es, Wissen und Kompetenzen weiter aufzubauen und neue Methoden auszuprobieren. Im Vordergrund stehen die Erweiterung der Vermittlungsmethoden und der Zielgruppenkompetenzen sowie die Vertiefung in die weiteren Ausstellungsbereiche und Sammlungsthemen. Nur mit diesem umfassenden Wissen können Kulturvermittlerinnen optimal eingesetzt werden. Gerade die thematische Bandbreite eines Hauses sowie die unterschiedlichen Anforderungen der Zielgruppen erfordern besonders viel Erfahrung, die man hauptsächlich on the job lernen kann. Zusätzlich bilden das Weiterbildungs-Curriculum der Abteilung, Einzeltrainings mit der Teamleitung sowie peer to peer-learning mit Kolleginnen eine wichtige Stütze zur Weiterentwicklung jeder einzelnen Kulturvermittlerin. Der Umfang der Sammlungen und die Vielfalt der Vermittlungs-Möglichkeiten sorgen dafür, dass die Aufgaben niemals langweilig werden. Umfangreiche Sonderausstellung oder kurzfristigere Wechselausstellungen, für die oft mehrere verschiedene zielgruppenorientierte Vermittlungsformate entwickelt und angeboten werden, bieten Abwechslung und Herausforderung zugleich.

Zusätzlich dazu ergeben sich im Katalog der bestehenden Vermittlungen immer wieder spannende neue Formate und Schwerpunkte. Gerade hier ist die Expertise erfahrener Kulturvermittlerinnen gefragt, die die Ausstellungsobjekte und die Zielgruppen gut kennen und hier ihr Fachwissen einbringen können.

Auch Studentinnen, die von Anfang an die Absicht haben nur für eine begrenzte Zeit in der Kulturvermittlung zu arbeiten, sind wertvolle Mitarbeiterinnen, da sie einen anderen Blickwinkel und viel Freude für die Tätigkeit einbringen. Diese jungen Kolleginnen wiederum nehmen ein gestärktes Selbstvertrauen mit, erlernen freies Reden und Präsentieren, den Umgang mit verschiedenen Zielgruppen sowie selbstorganisiertes Arbeiten im Team. Ein mehr oder weniger engmaschiges Reporting ist Teil der Strategie, um Mitarbeiterinnen zu selbst-ständigem Handeln aufzufordern.

Die zu erlernenden Fähigkeiten sind wie erwähnt umfassend und der Übertritt in die dritte Phase setzt ein hohes Maß an Selbstständigkeit und Vermittlungsfertigkeiten voraus. Deshalb stellen die beiden ersten Phasen die Vermittlungstätigkeit in den Vordergrund. Mitarbeiterinnen in diesen Stufen wirken selbst nicht federführend an neuen Konzepterstellungen mit, wohl aber ist ihr Wissen wertvoll für Verbesserungen und Adaptionen im gesamten Tätigkeitsfeld der Abteilung. Ihr Haupt-Aufgabenfeld ist die zielgruppengerechte Umsetzung der Vermittlungen. Die nächsten Phasen sind nur für Kulturvermittlerinnen vorgesehen, die ihre berufliche Zukunft in der Vermittlung sehen und das nötige Potenzial dafür mitbringen.

3.2.3.1 Anforderungen und Herausforderungen Phase 2

Inhalte und Methoden

Der Pool an gemeisterten Vermittlungen wächst stetig. Die Kulturvermittlerin erlernt nach und nach weitere Themen des Hauses, sodass sie sukzessive das gesamte Standard-Programm des Instituts beherrscht. Auch die Bandbreite an Zielgruppen und den dafür geeigneten Methoden erweitert sich laufend. Der Lernplan für Vermittlungen und Zielgruppen wird von langer Hand seitens der Teamleitung erstellt, sodass der aktuelle Bedarf an Kompetenzen immer vom Team ausreichend abgedeckt ist.

Abteilung und Institution

Die Vorgänge in der Abteilung sind nun definiert. Überschaubare Verantwortungen können nun in den Aufgabenpool der Kulturvermittlerin wandern, z.B. technische Wartungen. Der Umfang der Aufgaben wird gemeinsam mit der Teamleitung und ggf. anderen involvierten Mitarbeiterinnen genau abgesteckt. Nach und nach gelangt die Kulturvermittlerin durch die indirekte Zusammenarbeit zu Kenntnissen über den gesamten Arbeitsumfang der Kulturinstitution. Da die Kulturvermittlerin eine der unmittelbarsten und intensivsten Berührungspunkte der Institution mit dem Publikum darstellt, ist es von besonderer Relevanz, dass sie gut über die Aktivitäten des Hauses informiert ist.

Weiterbildung und Coaching

Im Zuge des Weiterbildungs-Curriculums des Teams erfolgt eine Vertiefung der Ausstellungsinhalte, Methodenvielfalt und Moderationsfähigkeiten sowie Museumspädagogischer Theorien. Auch hier erfolgen regelmäßige Vor-Ort-Analysen der Teamleitung, um die Vermittlungs-Fähigkeiten durch gezieltes Feedback weiter verfeinern zu können. Die Selbstständigkeit wächst stetig durch die gewonnenen Kompetenzen. Die Förderung der individuellen Stärken sowie die gezielte Unterstützung bei Schwächen stehen im Vordergrund. Gemeinsam stecken Kulturvermittlerin und Teamleitung immer neue Ziele und individuelle Herausforderungen.

Außerhalb der Abteilung

Ähnlich wie in der ersten Phase kommt es großteils zur Zusammenarbeit mit den Kuratorinnen und Kolleginnen der Sonderausstellungs-Abteilung in Bezug auf das Erlernen der Ausstellungsinhalte bzw. mit dem Marketing bei hausinternen Events. Außerhalb der eigenen Institution wird nach und nach der vorwiegend regionale Austausch mit anderen Kulturvermittlerinnen und Institutionen intensiviert.

3.2.3.2 Struktureller Aufbau Phase 2

Vertrag und alles drumherum

Sind die ersten Hürden genommen und die Kulturvermittlerin hat sich qualifiziert, tritt sie in ein unbefristetes Angestelltendienstverhältnis über. Auch eine erste Gehaltserhöhung steht ihr nun zu sowie die Erhöhung des Stundenausmaßes auf ca. 20 Stunden im Rahmen der vorhandenen Ressourcen. Die Entwicklung jeder einzelner Kulturvermittlerin schreitet hier inhaltlich, methodisch und aufgabenbezogen unterschiedlich schnell voran. Der zeitliche Rahmen bis zur Beherrschung des Großteils der Ausstellungen und Formate variiert je nach Mitarbeiterin stark. Das kann zum einen am Stundenausmaß liegen; einer Kulturvermittlerin mit 15 Wochenstunden steht nicht das gleiche Zeitausmaß zum Lernen zur Verfügung wie einer Mitarbeiterin mit 20 Stunden. Zum anderen liegt es an der mitgebrachten Erfahrung in einzelnen Gebieten. Mitarbeiterinnen, die hauptberuflich in der Vermittlung arbeiten wollen, verbringen mindestens zwei Jahre in der zweiten Phase, um ausreichend Erfahrungen zu sammeln.

Kulturvermittlerinnen, die nebenberuflich am Institut tätig sind, können für unbefristete Zeit in der zweiten Phase bleiben. Allerdings werden sie nicht mehr als das hier vorgesehene Stundenausmaß erhalten, da die Verträge mit höherem Stundenkontingent den Mitarbeiterinnen vorbehalten sind, die hauptberuflich am Institut tätig sein wollen. Der Stundenschlüssel für die zweite Phase beträgt 70% Vermittlungszeit und 30% Bürotätigkeit.

Karenzen

Elternkarenzen sind jederzeit möglich, Bildungskarenzen erst ab der dritten Phase. Während einer Karenz muss geprüft werden, ob die Stunden währenddessen auf andere Mitarbeiterinnen aufgeteilt werden können oder ob für diesen Zeitraum eine neue Kollegin eingestellt werden muss. Da die Schulung und Einarbeitung neuer Kulturvermittlerinnen aufwändig ist, macht es nur bei langen Karenzen Sinn neues Personal aufzunehmen. Geht eine Mitarbeiterin während der zweiten Phase in Elternkarenz, werden ihre Stunden auf Kolleginnen der ersten beiden Phasen aufgeteilt; bei Wiedereintritt erhält die Mitarbeiterin wieder dasselbe Stundenausmaß zugesprochen.

3.2.3.3 Motivationshighlights Phase 2

Ein attraktiver Anreiz in der zweiten Phase bildet die erste Gehaltserhöhung, die mit der (nun auf jeden Fall) unbefristeten Anstellung einhergeht. Außerdem werden nach Verfügbarkeit der Ressourcen die Wochenstunden der Mitarbeiterin auf ca. 20 Stunden erhöht. Im Zuge des Abteilungsfortbildungs-Programmes erhält die Mitarbeiterin laufend interessante Seminare mit internen und externen Expertinnen und kann somit ihr Kompetenzen-Portfolio erweitern.

Profil einer Kulturvermittlerin am Ende der zweiten Phase
Die Kulturvermittlerin beherrscht nun das gesamte Standardprogramm des Hauses und hat gut geübte Vermittlungskompetenzen für alle Hauptzielgruppen. Sie verfügt über Kenntnisse zu Aufgaben und Zuständigkeiten der Institution und hat einen Überblick über das kulturelle Umfeld und über museumspädagogische Theorie. Verantwortungen für kleinere laufende Tätigkeiten können im Aufgabenpool der Mitarbeiterin liegen. Selbstorganisation und Verlässlichkeit sind unabdingbar für das Zusammenspiel innerhalb der Abteilung.

3.2.4 Weiterbildung zur Kulturvermittlungs-Expertin

Anforderungen und Herausforderungen	Phase 3: Weiterbildung zur Kulturvermittlungs-Expertin	
	SCHWERPUNKT KONZEPTE und PROJEKTE	SCHWERPUNKT PUBLIKUM
Inhalte	• Inhaltliche Schwerpunkte & Spezialgebiete	• Inhaltliche Schwerpunkte & Spezialgebiete • Vergangene Ausstellungen & Konzepte • Partner-Institutionen & Fachkreise
Methoden	• Spezialisierung in Methoden & Zielgruppen	• Spezialisierung in Methoden & Zielgruppen
Abteilung und Institution	• Zentrale org. Verantwortungen • Projekt- & Konzept-Mitarbeit	• Zentrale org. Verantwortungen • Wissenstransfer; Schulung der Kolleginnen
Weiterbildung	• Weiterbildungs-Curriculum Kulturvermittlungs-Team	• Weiterbildungs-Curriculum Kulturvermittlungs-Team

Außerhalb der Abteilung	• Vertiefende externe Schulungen • Schulungen zu Projektmanagement • Dienstreisen & Tagungen national • Vertiefung in Kulturtheorie • angeleitete Zusammenarbeit mit internen & externen Partnern • Kenntnisse der nationalen Kulturszene	• Vertiefende externe Schulungen • Schulungen und Exkursionen zu Fachkreisen • Dienstreisen & Tagungen national • Vertiefung in Kulturtheorie • angeleitete Zusammenarbeit mit internen & externen Partnern • Kenntnisse der nationalen Kulturszene

Struktur

Vertrag	• ca. 30 Wochenstunden • fixer Computerarbeitsplatz	• ca. 30 Wochenstunden • fixer Computerarbeitsplatz
Dauer	• ca. 2 Jahre bzw. bis die Kenntnisse erworben wurden • Mitarbeit bei mind. 4 realisierten Konzepten/Projekten	• ca. 2 Jahre bzw. bis die Kenntnisse erworben wurden
Stundenschlüssel	• 60% Vermittlungsstunden, 40% Bürostunden	• 70% Vermittlungsstunden, 30% Bürostunden
Karenz	• Eltern- und Bildungskarenz möglich • Auf Dauer der Karenz Aufteilung der Stunden auf Kulturvermittlerinnen der 3.–4. Phase • Aufteilung der Projekte & Verantwortungen auf Kolleginnen	• Eltern- und Bildungskarenz möglich • Auf Dauer der Karenz Aufteilung der Stunden auf Kulturvermittlerinnen der 3.–4. Phase • Aufteilung der Projekte & Verantwortungen auf Kolleginnen
Motivationsfaktoren	• Stundenerhöhung • Interne & externe Schulungen • Dienstreisen & Tagungen national • Erweiterung der Kompetenzen • Förderung des individuellen Potentials • Rahmenvorgabe zur Selbstgestaltung	• Stundenerhöhung • Interne & externe Schulungen • Dienstreisen & Tagungen national • Erweiterung der Kompetenzen • Förderung des individuellen Potentials • Rahmenvorgabe zur Selbstgestaltung

Personalentwicklungsplan Kulturvermittlung: Phase 3 Weiterbildung zur Kulturvermittlungs-Expertin

Das Handwerkszeug ist in den vorangegangenen Phasen erlernt worden. Nun folgt das „Fein-Tuning" für die Kollegin, die sich hauptberuflich der Kulturvermittlung verschreiben möchte. Die Vorstellungen der persönlichen Zukunft jeder Mitarbeiterin in der Abteilung oder innerhalb der Institution variieren stark. Deswegen unterscheiden sich ab der dritten Phase gewisse Aufgaben und Schwerpunkte der Kulturvermittlerinnen voneinander und die Mitarbeiterinnen spezialisieren sich künftig für verschiedene Bereiche:Eine Kollegin mit Publikumsschwerpunkt ist besonders wertvoll für das tägliche Geschäft der Abteilung. Sie konzentriert sich weiterhin auf die Durchführung von Vermittlungen und Interaktion mit Besucherinnen. Neu dazu kommen die Peer-to-peer-Schulungen für Kolleginnen vorrangig der ersten und zweiten Phase.

Eine Kulturvermittlerin mit Konzept- oder Projektschwerpunkt erweitert ihre Methodenkompetenz bei Mitwirkungen von neuen Vermittlungs-Gestaltungen der Abteilung. Es wird auf Vorwissen und Fähigkeiten der Kulturvermittlerin sowie bereits in den ersten Phasen aufgetretene Interessen und Schwerpunkte, aufgebaut, um die Mitarbeiterin individuell zu fördern und zu motivieren. Neue Herausforderungen begünstigen die persönliche Entwicklung der aufstrebenden Kulturvermittlerin.

Eine Kulturvermittlerin ab der dritten Phase übernimmt zentrale organisatorische Tätigkeiten der Abteilung, z.B. Materialbestellungen, Equipmentwartungen, Archivverantwortung, o.Ä. Um diese Tätigkeiten vollends annehmen zu können, braucht die Mitarbeiterin vorab alle Informationen über die Rahmenbedingungen. Bei Organisationsaufgaben, aber auch bei Projektmitarbeiten wird meist das Prinzip „learning on the job" verfolgt. Schulungen „nach Art des Hauses" können helfen, um interne Abläufe zu vereinheitlichen. Wenn alle Kolleginnen solche Standardisierungen bei allgemeinen Tätigkeiten einhalten (einheitliche Zeitplangestaltung, Kommunikation, Ablagesystem etc.), hat das einen großen organisatorischen Vorteil für die Abteilung.

3.2.4.1 Anforderungen und Herausforderungen Phase 3

Inhalte und Methoden

Eine Mitarbeiterin, die weiterhin den Schwerpunkt in der Vermittlungstätigkeit sucht, wird zur wahren Expertin für die Sammlung und setzt ihr Wissen unmittelbar für das Publikum um. Ihr Wissen wächst durch die Erfahrung vergangener Ausstellungen und Vermittlungen, durch Kontakte zu anderen Instituten und Fachkreisen. Dieses Wissen gibt sie wiederum gezielt an ihre Kolleginnen weiter und spielt es aktiv in die Abteilung zurück. Eine Kollegin, die einen erweiterten Arbeits-Schwerpunkt in Konzepten und Projekten findet, schärft ihre methodischen Fähigkeiten, die sie bei der Mitgestaltung von neuen Formaten ausprobieren kann, und kann ihr dadurch angeeignetes Wissen ebenfalls ins Team zurückgeben. Auch wenn sich die Herausforderungen der Kulturvermittlerin ab der dritten Phase verändern, Projektarbeiten, Verantwortungen und Konzept-Entwicklungen hinzukommen, ist zu betonen, dass die Hauptaufgabe jeder Kulturvermittlerin stets die direkte Interaktion mit den Besucherinnen im Kulturbetrieb ist und in allen Phasen bleibt. Deswegen wird auf die Schulung der Vermittlungsfertigkeiten während der gesamten Laufbahn ein besonderer Fokus gelegt.

Abteilung und Institution

Eine Kulturvermittlerin mit Publikums-Schwerpunkt widmet sich verstärkt dem Wissenstransfer innerhalb der Abteilung und gibt ihre Erfahrungen und Fachwissen an die Kolleginnen weiter. Eine Kulturvermittlerin mit Konzept- und Projektschwerpunkt wird ab der dritten Phase in eben diese eingebunden. Sie erlernt on the job wichtige Skills für die Realisierung von Vermittlungs-Konzepten, wie Recherche, Dokumentation und Präsentation, Materialbeschaffung, Kommunikation und Zeitplanung. Dabei wachsen ihre Fähigkeiten und Kompetenzen und somit die Aufgaben und Anforderungen von Projekt zu Projekt an. Als Übergangsprüfung zur vierten Phase wird ein Projekt selbstständig konzipiert. Alle Mitarbeiterinnen ab der dritten Phase unterstützen die Abteilung mit der Verantwortung in zentralen organisatorischen Tätigkeiten.

Weiterbildung und Coaching

Einer Kulturvermittlerin ab der dritten Phase, die hauptberuflich im Berufsfeld tätig ist, stehen neben dem allgemeinem Weiterbildungs-Curriculum des Vermittlungs-Teams Teilnahmen an nationalen Tagungen und Dienstreisen sowie individuelle Weiterbildungen bei externen Instituten zu; z.B. Schulungen für Projekt-

und Selbstmanagement sowie gezielte Aneignung von Vermittlungsmethoden für Zielgruppen. Neben der Vertiefung in die museumspädagogischen Theorien ist die Auseinandersetzung mit Kulturtheorie essentiell für die Ausübung des Berufes; v.a. in Häusern mit naturwissenschaftlichem Background haben nicht alle Kolleginnen Kulturtheorie-Seminare im Zuge ihres Studiums absolviert. Die Führungsstrategie unterstützt das Potenzial und die Selbstständigkeit der Mitarbeiterin. Rahmenvorgaben für die eigenverantwortliche Aufgabengestaltung sowie ein mehr oder weniger engmaschiges Reporting bieten dafür die Grundlage.

Außerhalb der Abteilung

Zusammenarbeiten innerhalb und außerhalb des Hauses bei Projekten und Konzepten sowie für Abteilungs-Weiterbildungen sind besonders spannende Herausforderungen und setzen viel Vertrauen und Verantwortungsbewusstsein voraus. Die Mitarbeiterin vertritt die Abteilung und das Haus offiziell nach außen. Kenntnisse der nationalen Kulturszene und die Arbeit vergleichbarer Institutionen bieten Möglichkeit, die eigene Arbeit zu reflektieren und weiterzuentwickeln.

3.2.4.2 Struktureller Aufbau Phase 3

Vertrag und alles drumherum

Wieder wächst das Stundenausmaß auf ca. 30 Wochenstunden im Rahmen der vorhandenen Ressourcen und nach Wunsch der Kulturvermittlerin. Die gewonnenen Stunden werden vor allem für Bürotätigkeiten, also Mitarbeiten in Konzepten und Projekten oder für laufende Tätigkeiten, verwendet. Da ab diesem Abschnitt auch Projektmitarbeiten, Recherchen und Organisations-Tätigkeiten von der Kulturvermittlerin übernommen werden, ist ein eigener Computerarbeitsplatz unabdingbar.

Der Stundenschlüssel für Konzept- und Projekt-Mitarbeiterinnen beträgt 60% Vermittlungszeit und 40% Bürozeit. Allerdings wird die Vermittlungszeit in der Hochsaison des Kulturbetriebes erhöht und die Projektmitarbeiten etwas hintangestellt. Für Kolleginnen mit Publikumsschwerpunkt bleibt der Stundenschlüssel bei 70 zu 30%.

Die Dauer der Weiterbildung zur Expertin beträgt mindestens zwei Jahre bzw. mindestens vier Mitarbeiten bei realisierten Konzepten oder Projekten. Zum Übertritt in die vierte Phase erfolgt neben der internen auch eine abteilungsexterne Überprüfung der gesammelten Kompetenzen.

Karenzen

Neben der Elternkarenz sind ab der dritten Phase mit Absprache der Abteilungsleitung und Personalverwaltung auch Bildungskarenzen, Bildungsteilzeit oder unbezahlter Urlaub möglich. Diese müssen rechtzeitig angekündigt und geplant werden. Nach Möglichkeit werden auch hier die Stunden und Tätigkeiten auf Mitarbeiterinnen der dritten und vierten Phase aufgeteilt und bei Dienstantritt nach Abwesenheit zurückgegeben. Anders verhält es sich bei Projektmitarbeiten oder organisatorischen Tätigkeiten. Diese werden abgegeben und bei Wiedereintritt wartet die Kollegin, bis wieder ein geeignetes Konzept oder eine Aufgabe frei wird.

3.2.4.3 Motivationshighlights Phase 3

Ab der dritten Phase ist die Kulturvermittlerin mit einem Stundenausmaß von ca. 30 Wochenstunden hauptberuflich in der Abteilung verankert. Ein eigener Computerarbeitsplatz ist unerlässlich. Zentrale organisatorische Tätigkeiten liegen nun in der Verantwortung der Mitarbeiterin und werden mittels regelmäßigem Reporting an die Abteilungs- oder Teamleitung überprüft. Die Kulturvermittlerin ist eine wertvolle Stütze der Leitung. Ihr Know-how erweitert die Kulturvermittlerin auf internen und externen Weiterbildungen, dem Besuch von nationalen Tagungen sowie Kultureinrichtungen im Inland.

Profil einer Kulturvermittlerin am Ende der dritten Phase

Am Ende der dritten Phase besitzt die Kulturvermittlerin ein umfangreiches Wissen zu zielgruppengerechten Methoden. Sie hat sich zusätzlich auf inhaltliche Schwerpunkte oder besondere Zielgruppen spezialisiert. In der Abteilung übernimmt sie organisatorische Tätigkeiten eigenverantwortlich. Eine Kulturvermittlerin mit Konzept-Schwerpunkt hat ausreichend Erfahrung im Projektmanagement sowie in den internen Abläufen gesammelt, um künftig selbstständig Vermittlungsprojekte zu leiten. Methodenvielfalt, gutes Ressourcenmanagement, professionelle Erstellung von Texten, Unterlagen und Artikeln und vieles mehr zeichnen diese Kollegin aus.

Eine Mitarbeiterin mit Publikums-Schwerpunkt ist Expertin in Bezug auf Vermittlungs-Inhalte und Publikumskontakt. Aktuelle wie vergangene Ausstellungen und Themen des Hauses sind ihr Spezialgebiet. Ihr wertvolles Wissen gibt sie an Kolleginnen weiter, erstellt Hintergrund-Informationen und organisiert Exkursionen zu interessanten Partnern.

3.2.5 Kulturvermittlungs-Expertin

Anforderungen und Herausforderungen	Phase 3: Weiterbildung zur Kulturvermittlungs-Expertin	
	SCHWERPUNKT KONZEPTE und PROJEKTE	SCHWERPUNKT PUBLIKUM
Inhalte	• Inhaltliche Schwerpunkte & Spezialgebiete	• Inhaltliche Schwerpunkte & Spezialgebiete • Vergangene Ausstellungen & Konzepte • Partner-Institutionen & Fachkreise
Methoden	• Spezialisierung in Methoden & Zielgruppen	• Spezialisierung in Methoden & Zielgruppen
Abteilung und Institution	• Zentrale org. Verantwortungen • Projekt- & Konzept-Mitarbeit & Leitung • Selbstständiges Projekt-Management • Budgetverantwortung • Professionelle Texterstellung • Kommunikation mit Förderstellen	• Zentrale org. Verantwortungen • Wissenstransfer; Schulung der Kolleginnen • Organisation von Exkursionen & Schulungen • Vertiefende Recherche zu Ausstellungen • Erstellung von Hintergrund-Literatur

Weiterbildung	• Weiterbildungs-Curriculum Kulturvermittlungs-Team	• Weiterbildungs-Curriculum Kulturvermittlungs-Team
	• Vertiefende externe Schulungen	• Vertiefende externe Schulungen
	• Schulungen zu Projektmanagement	• Schulungen und Exkursionen zu Fachkreisen
	• Dienstreisen & Tagungen national & international	• Dienstreisen & Tagungen national & international
	• Vertiefung in Kulturtheorie	• Vertiefung in Kulturtheorie
Außerhalb der Abteilung	• angeleitete Zusammenarbeit mit internen & externen Partnern	• angeleitete Zusammenarbeit mit internen & externen Partnern
	• Kenntnisse der nationalen & internationalen Kulturszene	• Kenntnisse der nationalen & internationalen Kulturszene

Struktur

Vertrag	• ca. 40 Wochenstunden	• ca. 40 Wochenstunden
	• Lohnerhöhung	• Lohnerhöhung
Stundenschlüssel	• 50% Vermittlungsstunden, 50% Bürostunden	• 70% Vermittlungsstunden, 30% Bürostunden
Karenz	• Eltern- und Bildungskarenz möglich	• Eltern- und Bildungskarenz möglich
	• Auf Dauer der Karenz Aufteilung der Stunden auf Kulturvermittlerinnen der 3.–4. Phase	• Auf Dauer der Karenz Aufteilung der Stunden auf Kulturvermittlerinnen der 3.–4. Phase
	• Aufteilung der Projekte & Verantwortungen auf Kolleginnen	• Aufteilung der Projekte & Verantwortungen auf Kolleginnen
Motivationsfaktoren	• Stundenerhöhung	• Stundenerhöhung
	• Lohnerhöhung	• Lohnerhöhung
	• Interne & externe Schulungen	• Interne & externe Schulungen
	• Dienstreisen & Tagungen national & international	• Dienstreisen & Tagungen national & international
	• Erweiterung der Kompetenzen	• Erweiterung der Kompetenzen
	• Förderung des individuellen Potentials	• Förderung des individuellen Potentials
	• Großzügiger Gestaltungsfreiraum	• Großzügiger Gestaltungsfreiraum

Personalentwicklungsplan Kulturvermittlung: Phase 4 Kulturvermittlungs-Expertin

In den vorangegangenen Phasen hat die Mitarbeiterin tiefgreifendes Wissen erworben, Organisationstalent bewiesen und Kenntnisse zu Projektmanagement und Konzepterstellung gesammelt, um neue Herausforderungen – im Speziellen eigenständige Projektleitungen, Kooperationen mit externen Partnern, Verantwortungen für organisatorische Tätigkeiten in der Abteilung und Wissenstransfer – umsetzen zu können. Großes Vertrauen in das selbstständige Arbeiten und das Know-how der Mitarbeiterin sind Voraussetzung um in diese Entwicklungsphase eingestuft zu werden. Ziel dieser Position ist es, Wissen weiterzugeben, Fachgebiete zu beherrschen und Aufgaben zu übernehmen. Für die Abteilung ist es von großem Vorteil derart selbstständige Mitarbeiterinnen zu haben, da qualifizierte, verlässliche Kolleginnen helfen, die Vielzahl an Aufgaben umzusetzen und neue Mitarbeiterinnen zu schulen. Die Kulturvermittlerin kann ihr gesammeltes Know-how und kreative Ideen für die Abteilung umsetzen und verwirklichen. In Kooperationen mit externen Partnern vertritt sie das Museum eigenverantwortlich nach außen.

3.2.5.1 Anforderungen und Herausforderungen Phase 4

Inhalte und Methoden

Die Spezialisierung in einzelne Fachgebiete, seien es Inhalte, Zielgruppen oder Methoden, schreitet weiter voran. Die Kulturvermittlerin ist eine versierte vielschichtige Vermittlungs-Expertin, die sich intern und extern vernetzt und einen aktiven Wissenstransfer lebt.

Abteilung und Institution

Projekte und Konzepte werden ab der vierten Phase selbstständig von der Vermittlungs-Expertin umgesetzt. Das beinhaltet Budgetverantwortung, selbstständiges Projektmanagement (Ressourcen-Management, Leitung einer Projektgruppe, Reporting) sowie die Bewältigung der internen Organisations-Abläufe oder ggf. der Kommunikation mit den Förderstellen. Auch das professionelle Erstellen von Artikeln und Unterlagen gehören zum Jobprofil der Expertin. Eine Vermittlungs-Expertin mit Schwerpunkt Publikum hat in der vierten Phase den verstärkten Auftrag zur Schulung der Kolleginnen sowie die Kommunikation mit externen Partnern für Exkursionen und zur Wissensvertiefung. Durch vertiefende Recherche erstellt sie Hintergrundliteratur für die Vermittlungen. Alle Kulturvermittlerinnen der vierten Phase unterstützen die Abteilung mit der Übernahme von zentralen organisatorischen Tätigkeiten.

Weiterbildung und Coaching

Die Expertin vernetzt sich national und international auf Tagungen, besucht relevante Partner-Institutionen mit spannendem Programm und sucht laufend neue Herausforderungen. Die Kulturvermittlerin verfügt über fundierte Kenntnisse der nationalen wie internationalen Kulturlandschaft ihrer Sparte.
Neben dem Weiterbildungs-Curriculum für das gesamte Team erweitert die Kulturvermittlerin ihre Kompetenzen in ausgesuchten Seminaren, um noch besser für die neuen Anforderungen gerüstet zu sein. Von Teamleitung, Abteilungsleitung und Vermittlungs-Expertin werden gemeinsam die Aufgaben der Abteilung gestaltet und umgesetzt. Reportings sind nur mehr an Projekt-Meilensteinen notwendig, die Teamleitung hilft bei Bedarf weiter.

Außerhalb der Abteilung

Siehe Phase 3: Eigenständige Zusammenarbeiten bei Projekten und Konzepten innerhalb und außerhalb des Hauses stellen eine besonders spannende Herausforderung dar. Die Mitarbeiterin vertritt die Abteilung und das Haus offiziell nach außen.

3.2.5.2 Struktureller Aufbau Phase 4

Vertrag und alles Drumherum

Im Rahmen der Möglichkeiten der Abteilung und nach Wunsch der Kulturvermittlerin wird nun eine Vollzeitanstellung angestrebt. Eine Gehaltserhöhung erfolgt aufgrund der neu übernommenen Verantwortungen für Budgets, Projekte oder Schulungen der Kolleginnen. Der Stundenschlüssel für eine

Konzept- und Projekt-Mitarbeiterin beträgt ab der vierten Phase 50% Vermittlungszeit und 50% Bürozeit, wiederum mit Ausnahme der Hochsaison des Kulturbetriebes. Für die Kollegin mit Publikumsschwerpunkt bleibt der Stundenschlüssel bei 70 zu 30%.

Karenzen

Siehe Phase 3: Neben der Elternkarenz sind in der vierten Phase nach Absprache auch Bildungskarenzen, Bildungsteilzeit und unbezahlter Urlaub möglich. Da Schüsselfunktionen der Abteilung in der Verantwortung der Mitarbeiterin liegen, muss ein Konsens zwischen den Interessen der Kulturvermittlerin und der Abteilung gefunden werden.

3.2.5.3 Motivationshighlights Phase 4

Die Kulturvermittlerin arbeitet Vollzeit in der Abteilung in einem Stundenausmaß von 30-40 Wochenstunden. Aufgrund der umfassenden Kompetenzen und übernommenen Verantwortungen steht der Kulturvermittlungs-Expertin eine Gehaltserhöhung zu. Ihr Wissen bringt die Kollegin bei selbstgesteuerten Projekten ein und erfährt dort umfangreichen Gestaltungsfreiraum. Als Stütze für die Abteilungsleitung und Teamleitung entwirft und realisiert die Kulturvermittlerin das Programm der Abteilung mit. Ihr Netzwerk erweitert die Kulturvermittlerin auf internen und externen Weiterbildungen, dem Besuch von nationalen und internationalen Tagungen und Kultureinrichtungen. Wissens- und Kompetenztransfer stehen an oberster Stelle, um die Abteilung voranzubringen.

3.2.6 Nicht im Weg stehen, wenn sich andere Chancen eröffnen

Sollte sich eine Kulturvermittlerin während ihrer Laufbahn mit ihren Interessensschwerpunkten von der Vermittlungsdurchführung entfernen, müssen über kurz oder lang neue Herausforderungen gesucht werden. Zuerst sollte abgeklärt werden, ob sich innerhalb der Abteilung in absehbarer Zeit eine adäquate Position ergibt. Ist das nicht der Fall, sind passende Aufgaben in anderen Abteilungen des Hauses oder Bewerbungen an anderen Kultureinrichtungen und Organisationen eine Möglichkeit für die Kulturvermittlerin. Hier kann die Abteilung die Mitarbeiterin unterstützen, indem sie ihr bestehendes Netzwerk nützt. Diese (ehemaligen) Kolleginnen sind ebenfalls eine Visitenkarte der Institution – ihr Handwerkszeug haben sie in dieser Abteilung und diesem Team gelernt und sie bleiben im Partnerinnen-Netzwerk erhalten. Die Beschreibung der Karriereplanung für Kulturvermittlerinnen wurde vom positiven Blickwinkel aus vorgenommen. Die Zusammenarbeit der Kulturinstitution und der Kulturvermittlerin ist für beide Seiten spannend und befruchtend, man entwickelt sich gemeinsam weiter und sucht laufend neue Herausforderungen.

Es kann auch anders kommen. Die Vorstellungen einer Mitarbeiterin können so weit von den Zielen der Abteilung auseinander klaffen, dass eine Zusammenarbeit nicht weiter sinnvoll ist. Die intensive Zusammenarbeit der Teamleitung und der Kulturvermittlerin in der ersten Phase bietet viele Möglichkeiten für klärende Gespräche, die beiderseits wahrgenommen werden sollten. Auch im späteren Karriereverlauf kann eine Vielzahl an Gründen dazu führen, dass es einfach nicht mehr so richtig passt. Gemeinsam kann nach Lösungen gesucht werden, die Situation zu verändern. Können die gewünschten Bedingungen in der aktuellen Stelle nicht herbeigeführt werden, kann ein Wechsel zu einer anderen Position in der

Institution in Betracht gezogen werden. Gerade von Beispielen, bei denen es nicht funktioniert hat, kann die Teamleitung viel lernen. Was ist falsch gelaufen? Hätte die Kommunikation verbessert werden müssen? Hatte die Mitarbeiterin ausreichend Schulungen und Information erhalten? Wurden die Rahmenbedingungen ausreichend besprochen? Können die Tätigkeiten erweitert oder Rahmenbedingungen verändert werden?

3.3 Raus mit der Sprache! Das Mitarbeiterinnen-Gespräch

Jährlich zur selben Zeit (z.B. Nebensaison) finden die Mitarbeiterinnen-Gespräche der Abteilung statt. Diese sind ein maßgebliches Instrument sowohl für die Teamleitung als auch für jede Kulturvermittlerin, um Erwartungen und Möglichkeiten abzuklären, Entwicklungsmöglichkeiten zu entdecken, und sie bieten Gelegenheit für gegenseitiges Feedback. Erwachsene leiden im Beruf oft unter zu wenig Anerkennung oder Feedback zur erbrachten Leistung. Im Mitarbeiterinnen-Gespräch wird das Vertrauen zu anderen und zu sich selbst und zu den eigenen Fähigkeiten gestärkt. Die Fähigkeit und Bereitschaft, sich in andere Blickwinkel hineinzuversetzen, ist für die Zusammenarbeit in der Abteilung besonders förderlich. Zielvereinbarungen sorgen dafür, dass die gesamte Abteilung die angestrebten Ergebnisse erreichen kann. Sowohl der Teamleitung als auch der Mitarbeiterin sollte bewusst sein, wie und warum Personal-Gespräche geführt werden und auch, dass nicht jedes Gespräch angenehm verläuft.

Vor den Gesprächen wird der Leitfaden zur Vorbereitung ausgesendet. Im Internet findet man viele Vorlagen für Mitarbeiterinnen-Gespräche, die gezielt auf die Situation am eigenen Haus angepasst werden können. Zufriedenheit, Verbesserungsvorschläge, Diensteinteilung sollten unbedingt besprochen werden.

Das Mitarbeiterinnen-Gespräch bietet Raum, um ggf. Missverständnisse oder Konflikte anzusprechen, vor allem aber werden Zielvereinbarungen für das kommende Jahr getroffen (Kompetenzerwerb, Konzepte, Organisation etc.). Die Teamleitung evaluiert in regelmäßigen Abständen die Vermittlungsarbeit jeder Kulturvermittlerin. Auch abteilungsexterne Kolleginnen der Kultureinrichtung oder Expertinnen aus dem Berufsfeld können zur Objektivierung herangezogen werden, um ein breitgefächertes Bild der Vermittlungsarbeit der Mitarbeiterin zu erhalten.

Um eine möglichst neutrale Vermittlungsüberprüfung durchzuführen wird ein einheitlicher Evaluierungsbogen angewendet, den alle Teammitglieder kennen und dessen Kriterien gemeinsam besprochen werden. Schon die Gestaltung der Inhalte des Erhebungsbogens trägt zum Gesamtbild der Mitarbeiterinnen-Kultur bei: Wird eher auf die positiven, anregenden Aspekte der Vermittlung geachtet oder wiederum auf negative Facetten, wie z.B. Störungen? Im Evaluierungsbogen wird der gesamte Kontakt mit einer Gruppe erfasst.

Durchführung der Vermittlung:
- Begrüßung und Einleitung zum Thema
- Objektauswahl
- Roter Faden und Überleitungen
- Einsatz von Anschauungsmaterialien oder technischen Hilfsmittel (z.B. Tablets)
- Outro mit Hinweis auf die aktuellen Programme des Hauses

Methode und Didaktik:

• Kundenorientiertes Verhalten
• Zielgruppengerechte Vermittlungsmethode
• Zielgruppengerechte Sprache
• Formulierung der Fragen
• Aussprache und Lautstärke
• Körpersprache, Bewegung im Raum
• Zeitliche Einteilung der Vermittlung

Der Wissensstand um Museumsinhalte oder Methodik und Didaktik müssen bei Kulturvermittlerinnen in der Ausbildung das Basiswissen abdecken, ab der zweiten Phase aber immer umfassender werden. Diese Vermittlungsevaluierung bietet der Teamleitung Gelegenheit, die Fähigkeiten und Talente der Mitarbeiterin in Aktion zu erleben und unmittelbar Feedback geben zu können. Besonders gut gelungene Aspekte können bei der nächsten Teambesprechung hervorgehoben werden, Wertschätzung und Anerkennung ist im Team besonders wertvoll.

Das Mitarbeiterinnen-Gespräch wird durch den zum Personalblatt umgewandelten Steckbrief der Mitarbeiterinnen ergänzt. Tätigkeiten und Aufgaben sind für beide Seiten auf einen Blick ersichtlich. Somit erfolgt beim Personalgespräch einerseits eine Erfolgskontrolle, bei der alle Fakten im Personalblatt aktualisiert (Kompetenzen, Aufgaben etc.) werden, andererseits wird ein persönliches Feedbackgespräch mit Zielabkommen für die kommende Arbeitsperiode geführt. Die zusammengeführten Informationen des Teams ergeben ein aktuelles, detailliertes Bild der Abteilung und werden für die kommende Jahresplanung und Ausrichtung der Abteilung weiterverwendet.

Zielvereinbarungen für die kommende Saison werden gemeinsam im Mitarbeiterinnen-Gespräch festgesetzt. Diese unterliegen der SMART-Formel; d.h. sie sind

• **S**pezifisch,
• **M**essbar,
• **A**mbitioniert,
• **R**ealisierbar,
• **T**erminiert.

Von zentraler Bedeutung hierbei ist, dass die Mitarbeiterin selbstständig die Verwirklichung dieser Ziele steuern kann, dass der Hauptteil zur Erreichung des Zieles keine äußere Leitung braucht und in der Verantwortung der Mitarbeiterin liegt. Diese Freiräume und das so geschaffene Verantwortungsbewusstsein fördern die Motivation und Arbeitszufriedenheit. Wird zum Beispiel vereinbart im nächsten Quartal ein neues Vermittlungsprogramm zu erlernen, so obliegt es der Mitarbeiterin sich die Zeit dafür selbst einzuteilen, eigenverantwortlich die notwendigen Informationen aus den Unterlagen bei den Kolleginnen oder bei der Teamleitung einzuholen und sich am Ende des Quartals bei der Teamleitung für eine Führungsabnahme zu melden.

Alle Zielvereinbarungen werden schriftlich festgehalten. Allgemein orientieren sich die Zielvereinbarungen für jede einzelne Mitarbeiterin am Leitbild und den übergeordneten Zielen der Abteilung und der Kulturinstitution, heruntergebrochen auf den Arbeitsbereich der Mitarbeiterin.[13]

---

[13] *Uwe Kowalzik*, Mit Vereinbarungen zum Ziel.

Nach dem Mitarbeiterinnen-Gespräch werden die neugewonnenen Informationen und das Feedback der Kulturvermittlerin mit den Vermittlungsevaluierungen und dem Steckbrief zusammengeführt. Das Personal-Gespräch dient zugleich der Einstufung in eine der vier Personalentwicklungsphasen. Durch das Ausloten von individuellen Interessen, Zielen und Potenzialen kann eine persönliche Laufbahn angestoßen und gemeinsam umgesetzt werden. Zum Abschluss des Mitarbeiterinnen-Gesprächs-Zyklus gleicht die Teamleitung die gemeinsamen Ergebnisse mit der Personalverwaltung ab.

3.4 Die steten Wissenssammlerinnen

CFO (Chief Financial Officier) asks CEO (Chief Executive Officier): „What happens, if we invest in developing our people and then they leave us?"
CEO: „What happens, if we don't and they stay?"
Peter Bæklund, Coach

Oft wird in der Kulturvermittlung nur das „Produkt" bezahlt, die fertig geschulte Kulturvermittlerin, nicht aber der Weg dorthin. Die Lernzeit geschieht fast immer in der Freizeit oder wird mit kleinen Pauschalen abgegolten, die kaum den tatsächlichen Arbeitsaufwand abdecken. In einem Kulturbetrieb fließt ein Großteil des Budgets in die Personalkosten. Aber nur ein minimaler Bruchteil dessen wird in Ausbildungs- und Weiterbildungsmaßnahmen für die Mitarbeiterinnen verwendet. In Kulturvermittlerinnen-Teams gehört die Weiterbildung zum Berufsbild. Dass diese Fortbildungen in der bezahlten Arbeitszeit passieren müssen, wurde bereits ausführlich erläutert.

Vermittlungs-Teams haben oft einen heterogenen Background. Berufserfahrung sowie Ausbildung der Mitarbeiterinnen können sehr variieren. Das bringt zum einen genau die richtige Spannung und Mischung für kreative Vermittlungsideen. Zum anderen können im Alltag vice versa einerseits Fachwissen, andererseits methodische Fertigkeiten im Team fehlen. Um hier gegenzusteuern werden gezielte Schwerpunkt-Schulungen angesetzt, um die Fähigkeiten der Mitarbeiterinnen weiter auszubauen und die Abdeckung aller für die Abteilung notwendigen Kompetenzen zu gewährleisten. Die Kulturvermittlerinnen werden am Haus genau nach den Bedürfnissen der Kultureinrichtung für den Beruf ausgebildet. Diese Art der Erwachsenenbildung erfordert wiederum ein umfassendes Know-how der Team- und Abteilungsleitung in puncto Bedarfserhebung, Mitarbeiterinnen-Motivation und langfristige Planung, um die Vermittlungsqualität stetig zu steigern und wettbewerbsfähig zu bleiben. Für das Haus sind derart herausragend ausgebildete Kolleginnen besonders wertvoll, da sie sich genau auf die hauseigenen Zielgruppen und Anforderungen spezialisieren. Hier werden Menschen für den aktiven Wissenstransfer ausgebildet – Kulturvermittlerinnen eben. Neben dem vermittelnden Bildungsauftrag in der Gesellschaft ist eine Kulturinstitution als Arbeitgeber auch gegenüber ihren Mitarbeiterinnen verpflichtet.[14]

Interne Schulungen durch Mitarbeiterinnen des eigenen Hauses, intensive Trainings und Seminare mit externen Expertinnen sowie der Austausch mit anderen Institutionen und Firmen stellen dabei den Hauptanteil der Weiterbildungsmaßnahmen dar. Das umfasst Trainings, die für den Großteil des Teams gleich wertvoll sind. Einzelschulungen, z.B. bei externen Weiterbildungsinstituten, kommen nur für Kulturvermittlerinnen der dritten und vierten Phase in Frage, da die Pro-Kopf-Kosten erheblich teurer sind und erst hier die Spezialisierungen in Kraft treten.

---

[14] *Andrea Hausmann*, Kunst- und Kulturmanagement, S. 65

Je nach Thema oder Team-Zusammenstellung bietet es sich an, Schulungen nach Fachkompetenzen zu splitten. Der erste Teil der Weiterbildung wird für alle Kulturvermittlerinnen gemeinsam durchgeführt, je nach Erfahrung werden dann die Aufbau-Sessions oder Trainings in Kleingruppen weitergeführt. Wunsch und Bedarf für Fortbildungen liegen teilweise weit auseinander. Ein Sprachkurs für Kulturvermittlerinnen ist nur sinnvoll, wenn auch tatsächlich so große Nachfrage für fremdsprachige Vermittlungen besteht, die das Vermittlungs-Team nicht ohnehin schon abdecken kann. Welche Weiterbildungsmaßnahmen durchgeführt werden müssen, ergibt sich aus dem Abgleich zwischen Mitarbeiterinnen-Steckbrief, Buchungen und den kommenden Projekten und Herausforderungen der Abteilung. Welche Ausstellungsschwerpunkte hat das Haus in der nächsten Saison?

Die Kosten für Weiterbildungen – Seminarkosten, Arbeitszeiten des Teams, ev. Räumlichkeiten – werden in Budget und Jahresplanung eingerechnet. Die praxisorientierte Weiterbildung umfasst eine exakte Ziel- und Nutzensdefinition im Vorfeld, eine Evaluierung der Veranstaltung und eine anschließende Umsetzung und Rückfluss des Erlernten. Damit die Weiterbildungen besonders nachhaltig greifen, sollte von Anfang an gut geplant werden. Die Teilnehmerinnen werden vorab informiert: Ist ggf. etwas vorzubereiten? Sind Texte zu lesen? Auch die Erwartungshaltung des Teams und der Leitung sollte an die Vortragenden weitergeleitet werden. Ein starker Praxisbezug ist unerlässlich – Übungen, die direkt mit den Aufgaben der Abteilung zu tun haben, müssen unbedingt Bestandteil einer Weiterbildung sein. Am Ende einer Weiterbildung können in einem kurzen Brainstorming Umsetzungsbeispiele gesammelt und diskutiert werden. Die positiven Effekte von Weiterbildungsmaßnahmen sind noch qualifiziertere Vermittlungen und dadurch eine höhere Besucherinnen-Zufriedenheit. Im Team schlagen sich Trainings in höherer Motivation nieder. Tage, die das Team gemeinsam verbringt, wirken sich unmittelbar auf eine positive Stimmung und ein gutes Miteinander aus.[15]

Im Folgenden werden Vorschläge für ein Weiterbildungs-Curriculum für ein Kulturvermittlungs-Team bzw. die Abteilung angeführt.

3.4.1 Wissen austauschen – Die Spezialitäten des Hauses

Eine „Exkursion ins eigene Haus" ist besonders für neue Mitarbeiterinnen aufschlussreich. Die Abteilungen und Werkstätten kennenzulernen, in die Medienspeicher und Depots zu schauen, ist erforderlich, um ein Gesamtbild vom Arbeitsplatz zu erhalten. In einem Kulturbetrieb herrscht eine bunte Mischung der verschiedensten Mitarbeiterinnen, Tätigkeiten und Aufgabenfelder.
Auch erfahrenen Mitarbeiterinnen ist nicht immer bewusst, was alles nötig ist, damit eine Ausstellung steht, das Haus jeden Tag sauber ist oder das Gehalt pünktlich überwiesen wird.

• Geschichte der Institution
Vortragende: Mitarbeiterin der Sammlung oder Geschäftsführung
Wichtiges Hintergrund-Wissen zur Geschichte des Arbeitsfeldes

• Organisation der Institution
Vortragende: Mitarbeiterin der Personalverwaltung oder Geschäftsführung
Wichtiges Hintergrund-Wissen zur Organisation des Arbeitsfeldes: Organigramm, Kuratorium, Personal

---

[15] *Lars Attmer*, Bildungscontrolling.

• Sammlungen und Bereiche

Vortragende: Kuratorinnen

Vertiefende Schulung und Hintergrundinformationen zu den Ausstellungsobjekten und Ausstellungskonzepten

• Methode und Didaktik

Vortragende: Mitarbeiterinnen der Wissensvermittlung oder Vortragende der pädagogischen Hochschule

Erarbeitung verschiedener Vermittlungsmethoden, Zielgruppenarbeit und praktische Anwendungsbeispiele im Institut

• Interne Verwaltung

Vortragende: Mitarbeiterin der Verwaltungsabteilung

Erklärung einfacher Verwaltungstätigkeiten, wie z.B. Urlaubs- und Dienstreiseantrag, Zeiterfassung, Rechnungen abrechnen etc.

• Restaurierung

Vortragende: Mitarbeiterinnen der Restaurierungsabteilung

Besuch der Restaurierungswerkstätten und Wissensaustausch der Abteilungen Vorstellung des Aufgabenbereichs der Restaurierung, Sensibilisierung zum richtigen Umgang mit Objekten.

• Bibliothek und Archiv

Vortragende: Mitarbeiterinnen der Bibliothek

Vorstellung der Bibliothek und des Archivs für Recherche-Tätigkeiten

3.4.2 Wissen hereinholen – Seminare und Trainings

Intensive Seminare werden vorrangig von externen Expertinnen durchgeführt und finden in regelmäßigen Abständen statt, z.B. alle zwei Jahre ein intensives Sprech-Training zur Auffrischung für erfahrene Kulturvermittlerinnen und als Intro für neuen Kolleginnen.

• Stimmtraining

Vortragende: Stimmtrainerin, Schauspielerin

Erlernen von Sprech- und Atemtechniken für Vermittlungen; guter Stimmeinsatz

• Moderationstraining

Vortragende: Stimmtrainerin, Moderatorin

Erlernen von Moderationstechniken für Vermittlungen

• Wording

Vortragende: Journalistin

Introsituationen und Wording für die Kulturvermittlung; Übersetzung von Fachtexten für das Publikum

• Umgang mit schwierigen Situationen

Vortragende: Konflikt-Trainerin, Coach

Rollenspiele und Lösungsszenarien, Beschwerdemanagement

- **Fachschulungen**

Vortragender: Kuratorinnen oder Vortragende externer Bildungspartnerinnen

Je nach Institut z.b. naturwissenschaftliche, kunsthistorische, geschichtliche Hintergrund- und Spezialschulungen

- **Gender-Workshop**

Vortragende: Frauenbeauftragte

Sensibilisierung zum Thema Frauen/Mädchen zu Inhalten der Institution und Zielgruppenarbeit

- **Kulturtheorie**

Vortragende: Vortragende der Kulturwissenschaften

Auseinandersetzung mit Bildungsauftrag, Sammlung und Geschichte der Kultureinrichtung und Übersetzung in den Arbeitsalltag der Vermittlungsabteilung

3.4.3 Wissen finden – Exkursionen

Neben Tagungen und Dienstreisen für einzelne Mitarbeiterinnen, bieten Exkursionen zu Partner-Institutionen und Firmen lebendige Eindrücke und zeigen neue Facetten der Arbeit auf. Die gewonnenen Erkenntnisse ermöglichen den Kulturvermittlerinnen, Vermittlungen noch vielseitiger umzusetzen.

- **Depots und Medienspeicher der Kultureinrichtung**

Hintergrundwissen zur Sammlung der Institution

- **Dependancen**

Falls das Institut Außenstellen hat, sollten diese unbedingt besucht werden

Hintergrundwissen zur Institution

- **Kooperations-Partner**

Hintergrundinformationen zu Projekten und Ausstellungen

- **Partnerinstitutionen**

ExpertInnen-Austausch mit den dortigen Vermittlungsabteilungen

Hintergrundinformationen für Vermittlungen

- **Firmen**

Kooperationspartner bei Sonderausstellungen, Firmen mit Bezug zu Ausstellungsinhalten

Hintergrundinformationen für Vermittlungen

3.4.4 Teambuilding

Ein Team, das das ganze Jahr über das Publikum fasziniert, hat auch einen Teambuilding-Tag für sich selbst verdient. Ziel ist ein gemeinsames, anregendes Erlebnis außerhalb der Arbeitsroutine, um Kooperationsbereitschaft und Teamgeist in der Abteilung weiter zu stärken. Gekaufte Teambuilding-Programme sind oftmals kostenintensiv. Abenteuer und Erlebnis ist Teil des Vermittlungsgeschäftes, geeignete Kontakte sind meist auch vorhanden. Statt Kletterparks kann man z.B. eine Kultur-Rallye zu den Partner-Instituten der Stadt organisieren, ein Vermittlungs-Programm des Hauses adaptieren, lustige Aufgaben zur aktuellen Ausstellung einplanen, Flashmobs im nächsten Einkaufscenter veranstalten und so weiter und so fort.

Diese gute Stimmung und andere Blickwinkel auf das Schaffen befruchten den Alltag wieder mit frischen Ideen und neuem Schwung.

Teambuildingtag 2012; „Museums-Cityrallye"

4. Rückblick und Vorschau

„Es kommt nicht darauf an, die Zukunft vorherzusagen, sondern auf sie vorbereitet zu sein."
Perikles

Wenn sich die Beschäftigungsverhältnisse verändern und sich somit die Arbeitsstruktur einer Abteilung und aller Mitarbeiterinnen grundsätzlich auf den Kopf gestellt wird, heißt das unmittelbare Ziel für das erste Jahr schlicht und einfach: Dazulernen und Überleben! Manches wird hervorragend funktionieren, gleich auf Anhieb Früchte tragen und Potenzial in den Mitarbeiterinnen wecken, das früher nicht zutage treten konnte. Anderes wird leider im Chaos enden oder vielleicht sogar Streit mit sich bringen. Hier muss allen Beteiligten bewusst sein, dass strukturelle Veränderungen die Verhältnisse wandeln und Auswirkungen auf alle Arbeitsbereiche und durch alle Ebenen hindurch haben. Viele offene Gespräche mit dem gesamten Team helfen, über Möglichkeiten, Erwartungen und Enttäuschungen zu sprechen. Jede Meinung hat ihre Berechtigung und muss wertgeschätzt werden.

Eine enge Zusammenarbeit mit dem Betriebsrat ist unverzichtbar – nicht nur in Bezug auf Maßnahmen, die die Arbeitsbedingungen betreffen, sondern auch in Hinblick auf den Kollektivvertrag für alle Bundesmuseen.

PRAXIS-BEISPIEL AUS DEM TMW: Zusammenarbeit im Haus
Am TMW wurde rasch offensichtlich, dass vielen – auch langjährigen – Kulturvermittlerinnen nicht die Zusammenhänge und Abhängigkeiten in der Organisation des Hauses bewusst waren. Änderungen im Vermittlungs-Programm z.B. können nicht ohne weiteres umgesetzt werden, sondern verlangen viel Planung und Marketing, PR, Sammlungen, Verwaltung und Controlling müssen mehr oder weniger stark eingebunden und informiert werden.

Themen wie Budget und Statistik und deren Auswirkungen wurden rasch in die Teambesprechungen aufgenommen und gemeinsam durchgesprochen.

Nach einem Jahr ist es Zeit, zurückzublicken und eine Zwischenbilanz zu ziehen:

Input:
Welche Infrastruktur wurde innerhalb der Abteilung aufgebaut?
Welche Weiterbildungen wurden durchgeführt?

Output:
Was sagt die quantitative Erhebung der Buchungs- und Teilnehmerinnen-Zahlen des vergangenen Jahres aus?

Outcome:
Hat die Qualität gepasst?
Welches Feedback kam von den Besucherinnen?
Wie geht es dem Team und der Abteilung nach all den Änderungen?

Impact:
Welche positiven Auswirkungen haben die verbesserte Arbeitssituation für Kulturvermittlerinnen, die Abteilung, die Kultureinrichtung und das Publikum auf lange Sicht?

4.1 Statistik – Was sagen die Zahlen?

Nach einem Kalenderjahr gilt es, die vorangegangene Arbeit zu evaluieren und auszuwerten:

• Haben sich die Buchungszahlen zu den Vorjahren verändert?
• Welche Vermittlungen waren besonders beliebt?
• Welche Zielgruppen haben die Kultureinrichtung öfter besucht?
• Gab es Rückgänge bei der Nachfrage für ein bestimmtes Vermittlungsprogramm?
• Welche Projekte wurden durchgeführt?
• Können Schlussfolgerungen getroffen werden, was die Veränderung ausgelöst haben könnte?

Die Verwaltung interessiert besonders, ob die Einnahmen oder Ausgaben gestiegen sind. Deswegen muss neben der reinen Anzahl von Vermittlungen immer auch die Auslastung beobachtet werden. Überdies lohnt sich ein Blick auf Stunden des Teams. Konnten alle Mehrstunden und Urlaubstage bis zum Jahresende hin abgebaut werden? Die Verteilung der tatsächlichen Vermittlungsstunden im Gegenzug zu den Bürostunden sollte erhoben werden. Hier gilt es vor allem zu überprüfen, ob die Arbeitszeit tatsächlich so verwendet werden konnte wie geplant.

Dazu wird die Buchungs-Datenbank nochmals abgefragt: Wie viele Vermittlungsstunden leistete jede einzelne Kulturvermittlerin (inkl. Vor- und Nachbereitungszeiten)? Wie viel Zeit wurde für Besprechungen, Einschulungen oder Projekte verwendet? Wer eine besonders genaue Erhebung durchführen will, errechnet die tatsächlichen durchgeführten Vermittlungsstunden auf die Formate bzw. Kostenstellen auf. Im Vergleich mit den Einnahmen lässt sich dann erkennen, ob man mit den Preiskalkulationen und Budget am richtigen Weg liegt.

4.2 Besucherinnen-Zufriedenheit

Jeder Besuch, ob von Einzelpersonen oder Gruppen, ist wertvoll. Es ist nicht selbstverständlich, dass sich das Publikum für diese Kultureinrichtung entschieden hat. Pädagoginnen können pro Schuljahr maximal zwei bis drei Exkursionen in ein Museum, Theater oder Konzert durchführen. Somit haben sie einen dieser wertvollen Termine für einen Ausflug in diese Institution auserkoren. Das bietet eine fast einmalige Chance beim jungen Publikum einen bleibenden Eindruck zu hinterlassen. Beim Großteil der erwachsenen Besucherinnen ist das nicht anders.

Zum einen ist die Zielgruppe für die jeweilige Kultursparte mitunter überschaubar, zum anderen gibt es für dieses Publikum v.a. in Ballungsgebieten ein breitgefächertes Angebot. Das Erlebnis steht sowohl bei den jungen, als auch bei den erwachsenen Besucherinnen im Vordergrund. Eine faszinierende Vermittlung trägt viel dazu bei, aus einem zufälligen Besucher einen neuen Stammkunden zu machen.

Weil das Publikum so wichtig ist und das Kulturinstitut nicht nur viele, sondern vor allem zufriedene, ja begeisterte Gäste braucht, die gerne immer wieder kommen, wird nun das Besucherinnen-Feedback unter die Lupe genommen.

• Was stand im vergangenen Jahr im Besucherinnen-Buch?
• Wie waren die Rückmeldungen direkt vor Ort, per Mail oder Telefon?
• Was kam über die Social-media-Kanäle herein?
• Welches Lob kam besonders häufig, oder gab es wiederkehrende Kritikpunkte?

Zielgruppenorientiertes Besucherinnen-Feedback ist unerlässlich, um die Formate und Vermittlungen noch besser an die Bedürfnisse der Besucherinnen und Teilnehmerinnen anzupassen und ggf. Maßnahmen zur Verbesserung zu setzen. Vor einer Evaluierungsphase wird genau abgeklärt, welche Aspekte besonders interessant sind und erhoben werden sollen, mit welcher Methode evaluiert wird und wie die Auswertung passiert. Es gilt, die richtige Methode für jede Zielgruppe zu wählen. Klassische Feedbackbögen sind z.B. für Kindergruppen eher ungeeignet. Auch erwachsene Gäste wollen sich je nach Rahmenbedingungen nicht lange mit Feedback aufhalten. Besser kurz und knackig! Die so gewonnenen Informationen sind besonders wertvoll für die weiteren Konzeptentwicklungen der Abteilung.

4.3 Das Jahr hat viel gebracht – die Erneuerung des Steckbriefs

Der Kulturvermittlerinnen-Steckbrief und die daraus gewonnenen Informationen führen im Alltag eine deutliche Erleichterung herbei, da wichtige Daten rasch und übersichtlich zur Hand sind. Am Ende einer Arbeitsperiode werden die Einzelinterviews mit allen Teammitgliedern anhand des Steckbriefes wiederholt. Zum einen, um den Outcome der durchgeführten Maßnahmen zu evaluieren: Welche Kompetenzen und welches Wissen sind gewachsen? In welchem Ausmaß haben die Weiterbildungsmaßnahmen Wirkung gezeigt? Zum anderen, um den Projektplaner sowie laufende Tätigkeiten und Zuständigkeiten zu aktualisieren und einen neuen, konkreten Weiterbildungsplan für das kommende Jahr zu gestalten. Bei dieser Gelegenheit werden auch aktuelle Weiterbildungswünsche sowie Verbesserungsvorschläge zur Abteilungsorganisation abgefragt. Auch ob die persönlichen Erwartungen der Kolleginnen an die vergangene Saison erfüllt wurden, ist ein spannender Aspekt.

4.4 „Passt schon" war einmal! Feedbackkultur einführen

Nicht nur das Publikumsfeedback ist wichtig. Die Rückmeldungen innerhalb des Teams sind ebenfalls von essentieller Bedeutung. Um mit allen Organisations- und Weiterbildungs-Maßnahmen möglichst nah an den Mitarbeiterinnen zu bleiben, werden regelmäßig bei den Besprechungen und Weiterbildungen Feedbacks durchgeführt.
Dabei werden folgende Parameter anonym mit einer Skala von 1 bis 5 abgefragt und die Ergebnisse anschließend ausgewertet:

• Themen und Inhalt der heutigen Besprechung/Weiterbildung
• Vortragende
• Zeit: Dauer und Pausen
• Wie zufrieden bin ich mit meinem aktuellen Dienstplan und der aktuellen Einteilung?

- Wie zufrieden bin ich mit dem Umfang meiner Aufgaben?
- Wie zufrieden bin ich mit der Art meiner Aufgaben?
- Wie ist die Stimmung im Kulturvermittlerinnen-Team bzw. Leitungs-Team intern?
- Wie ist die Stimmung zwischen Kulturvermittlerinnen-Team und Leitung?
- Was ich sonst noch sagen wollte:

Ein solches anonymes Mitarbeiterinnen-Feedback gibt der Teamleitung regelmäßig ein rasches, unkompliziertes Stimmungsbild der Abteilung. In der längerfristigen Auswertung über eine ganze Saison hinweg kann das Team-Feedback mit der Buchungs-Auslastung verglichen werden. Zeichnen sich Tendenzen ab? Herrscht in der turbulenten Hochsaison regelmäßig ein Stimmungstief?

Danach muss untersucht werden, durch welche Maßnahmen man ein solches Tief abfangen kann oder ob der Jahreszyklus mit Hoch- und Nebensaisonen diese Stimmungs-Schwankungen ohnehin vorgibt. Neben den anonymen Feedback-Erhebungen sollte die Feedbackkultur innerhalb des Teams besprochen werden. Wie wird Feedback im Team ausgetauscht? Ist z.B. das gegenseitige Mitgehen bei Vermittlungen für alle in Ordnung? Die Teambesprechungen mit wechselnder Moderation geben allen Kolleginnen zusätzlich die Gelegenheit, Themen in den Vordergrund zu rücken, die für sie gerade besonders wichtig sind.

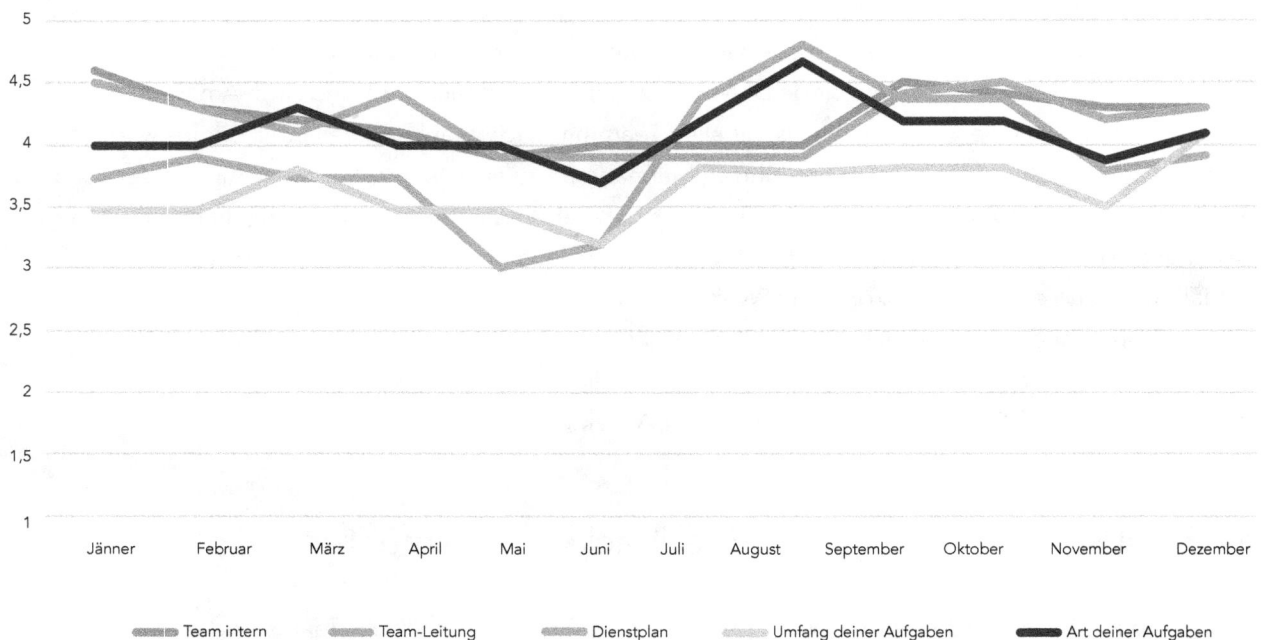

Jahresauslastung Vermittlungen in Abgleich mit dem Stimmungs-Feedback

4.5 Die Abteilung, ihre Mitarbeiterinnen und das Publikum

Der langfristige Impact der durchgeführten Maßnahmen hat zum Ziel, als hochprofessionelle Abteilung zusammenzuarbeiten und bestmögliche, kreative Vermittlungsarbeit den Zielgruppen entsprechend umzusetzen. Die immer neuen Themen, Zielgruppen, Medien und Forschungen ergeben unendliche Möglichkeiten zur Zusammenarbeit und Partizipation für Publikum und Institution. Die Größe und Themenvielfalt des Hauses und die Diversität der Mitarbeiterinnen ergeben einen maximal ideenreichen Input. Ein gefördertes Team, das auf Augenhöhe gleichberechtigt zusammenarbeitet, bietet die Grundlage für eine solche Zukunft.

In allen Aspekten der Abteilung sind laufend Verbesserungen möglich. Die Vermittlungen müssen stets aktuelle Inhalte und den Stand der Forschung wiedergeben und an die Bedürfnisse der Teilnehmerinnen angepasst werden. Projekte und Konzepte bieten Möglichkeiten, Methoden zu erproben und in Kleingruppen mit internen und externen Partnern langfristig zu arbeiten und von einander zu lernen. Die Organisation des Betriebs einer derart vielfältigen Abteilung ist immer eine Herausforderung und fordert kreative Lösungen und vife Mitarbeiterinnen, um die Ressourcen der Abteilung optimal zu verwalten. Ein gut geschultes, motiviertes Team ist die ideale Basis für diese anspruchsvollen Aufgaben.

4.6 Resümee

Auf den vorangegangenen Seiten wurde ein Modell in der Kulturvermittlung aufgezeigt, nach dem Kulturvermittlerinnen ins Haus eingebunden werden können und faire Arbeitsbedingungen herrschen, von denen die Mitarbeiterinnen, die Institution und die Besucherinnen gewinnen. Wie schon in der Einleitung beschrieben, sind die Arbeitsbedingungen für Kulturvermittlerinnen an vielen Institutionen eher prekär denn fair und fördernd. Dies gilt es zu ändern und das Berufsbild Kulturvermittlung durch gerechte Arbeitsverhältnisse zu festigen.

Kulturvermittlerinnen, die in die Institutionen an denen sie arbeiten, gleichberechtigt eingebunden sind, bringen ihr ganzes Potenzial ein und können anspruchsvolle Formate durchführen, was vor allem für die langfristige Publikums-Bindung wertvoll ist. Die Arbeitsverhältnisse und Lebensverhältnisse von Kulturvermittlerinnen werden durch die Stabilisierung der Rahmenbedingungen verbessert. Ziel ist es, dass Kunst- und Kulturvermittlerinnen im Kollektivvertrag als gleichwertige Mitarbeiterinnen in allen Kulturbetrieben angeführt und nicht schlechter gestellt werden als Kolleginnen in anderen Abteilungen. Kulturvermittlerinnen leisten einen enormen Beitrag zum Erfolg einer Institution. In kollegialer Zusammenarbeit können alle Mitarbeiterinnen einer Institution gemeinsam ihr Bestes geben, um kreativ, partizipativ und zielgruppengerecht die Umsetzung des Bildungsauftrages für die Zukunft zu gewährleisten.

Zu hoffen bleibt, dass in der kommenden Auflage der Publikation das Kapitel zum Thema Verträge obsolet geworden ist und man sich künftig auf die Zusammenarbeit und Karriereplanung konzentrieren kann.

ANHANG

Noch nicht genug erfahren? Genau die eine Antwort zum aktuellen Problem war nicht dabei?

Gerne stehe ich für ein persönliches Gespräch zu Vertragsumstieg, Organisation oder Team-Führung in der Kulturvermittlung zur Verfügung:

Wencke Maderbacher
wencke.maderbacher@tmw.at
0043-1-89998-3510
Technisches Museum Wien mit Österreichischer Mediathek
Mariahilfer Straße 212; 1140 Wien

Hilfreiche Links und Literatur zum Thema:

Rechtliche Informationen Arbeitgeberinnen: Wirtschaftskammer Österreich www.wko.at

Rechtliche Informationen zum Anstellungsverhältnis von Arbeitnehmerinnen: Österreichischer Gewerkschaftsbund www.oegb.at; Arbeiterkammer www.ak.at

Versicherung Arbeitnehmerinnen: z.B. Wiener Gebietskrankenkasse www.wgkk.at

Arbeitsverhältnisse in der Kultur: Kulturrat www.kulturrat.at; Educult www.educult.at; Kulturvermittlungs-Blog Schweiz www.kultur-vermittlung.ch/zeit-fuer-vermittlung

Personalmanagement: *Andrea Hausmann und Laura Murzik,* Erfolgsfaktor Mitarbeiter: Neue Wege des Personalmanagements für Kulturbetriebe, Springer, 2012.
Dirk Schütz, Kultur und Management im Dialog, Volume 82, Personalentwicklung. KM Kulturmanagement Network GmbH, 2013

Organisation und Zusammenarbeit in der Kultur: *Armin Klein,* Der Exzellente Kulturbetrieb, VS Verlag für Sozialwissenschaften, 2011.

Stichwortverzeichnis

Praxis- und Arbeitsbeispiele

Mission Statement
technisches museum wien

UNSERE HERAUSFORDERUNG:
Technik und Naturwissenschaften sind treibende Kräfte unserer Gesellschaft. Die zunehmende Komplexität der wechselseitigen Beeinflussung von Technik und Alltagsleben und die immer kürzeren Entwicklungszyklen sind für ein technisches Museum eine gewaltige Herausforderung.

UNSERE AUFGABE:
Deshalb sehen wir es als Aufgabe, einer sehr heterogenen Zielgruppe vielfältige und individuelle Zugänge zur Technik zu ermöglichen. Je nach Interesse oder Bildungsstand wollen wir den Menschen die Möglichkeit geben, die unterschiedlichsten Felder der Technik kennen zu lernen, zu reflektieren und zu erleben:

- Indem wir eine Vielfalt von einzigartigen historischen und/oder typischen Objekten ausgewählter Bereiche in einem kulturellen, wirtschaftlichen und/oder gesellschaftlichen Kontext präsentieren.
- Indem wir neue und zeitgemäße Techniken und Medien zur Präsentation einsetzten und komplizierte Zusammenhänge leichter erfassbar machen.
- Indem wir interdisziplinär ausgerichtet sind und als Plattform für kontroverse Diskurse dienen.
- Indem wir Technik aktiv erlebbar machen.
- Indem wir eine freundliche und offene Atmosphäre schaffen

Entsprechend unserem Bildungsauftrag stellen wir uns dieser Aufgabe mit wissenschaftlicher Verantwortung.

UNSER SELBSTBILD:
Wir sehen uns als innovatives Museum, das neue Wege geht und sich am State of the Art orientiert.

UNSERE VISION:
Wir wollen als eines der Top 3 Technischen Museen Europas gesehen werden.
Wir wollen in technischen Belangen als führende Institution an der Schnittstelle zwischen Vergangenheit, Gegenwart und Zukunft bekannt und geschätzt sein

Abbildungsverzeichnis

Das Coverfoto wurde von Klaus Pichler erstellt.

Alle Grafiken wurden von Ursula Emesz erstellt.

Die Fotografien wurden von Wencke Maderbacher erstellt.

Literaturverzeichnis

L. *Attmer*, Bildungscontrolling. Handbuch Kulturmanagement, 2006.

A. *Dengel*, Kultur und Management im Dialog, Volume 80, Innovation KM Kulturmanagement Network GmbH, 2013.

P. *Fuchs / T. Heinze*, Kultur und ihr Management, Springer, 1994.

Gesamte Rechtsvorschrift für Museumsordnung für das Technische Museum Wien. http://www.ris.bka.gv.at, August 2014.

A. *Hausmann*, Kunst- und Kulturmanagement – Kompaktwissen für Studium und Praxis, VS Verlag, 2011.

A. *Hausmann / L. Murzik*, Erfolgsfaktor Mitarbeiter: Neue Wege des Personalmanagements für Kulturbetriebe, Springer, 2012.

A. *Jagla*, Marketing – Strategieentwicklung - Organisationsberatung. http://www.annette-jagla.de , Mai 2014.

A. *Klein*, Projektmanagement für Kulturmanager, VS Verlag für Sozialwissenschaften, 2010.

A. *Klein*, Der Exzellente Kulturbetrieb, VS Verlag für Sozialwissenschaften, 2011.

U. *Kowalzik*, Mit Vereinbarungen zum Ziel. Handbuch Kulturmanagement, 2005.

D. *Kronenberger-Hüffer*, Coaching im Museum – wie Coaching als Methode zu einem besseren Miteinander erfolgreich eingesetzt werden kann. Handbuch Kulturmanagement, 2004.

P. *Kruse*, Next practice – Erfolgreiches Management von Instabilität. GABAL management, GABAL-Verl., Offenbach, 2004.

J. *Richardson / J. Visser*, Digital Engagement Framework Workbook, 2013.

A. *Schad / P. Szokol*, The arts education monitoring system (aems) proiect. International Yearbook for Research in Arts Education 1/2013, 2013.

P. *Schneidewind*, Betriebswirtschaft für das Kulturmanagement: Ein Handbuch. Kultur und Museumsmanagement. Transcript Verlag, 2006.

G. *Schreyögg*, Organisation: Grundlagen moderner Organisationsgestaltung; mit Fallstudien. Gabler-Lehrbuch. Gabler, 2008.

D. *Schütz*, Kultur und Management im Dialog, Volume 82, Personalentwicklung. KM Kulturmanagement Network GmbH, 2013.

Österreichischer Verband der KulturvermittlerInnen im Museums- und Ausstellungswesen.
http://www.kulturvermittlerinnen.at/kulturvermittlung.html, August 2014.

A. te Heesen, Theorien des Museums. Zur Einführung. Junius Verlag GmbH, 2012.

J. Zulauf, Aktivierendes Kulturmanagement: Handbuch Organisationsentwicklung und Qualitätsmanagement für Kulturbetriebe. Kultur- und Museumsmanagement. Transcript Verlag, 2012.

Danksagung

So wie im Berufsalltag Projekte und Ideen am erfolgreichsten im Team umgesetzt werden, so hatte auch diese Publikation viele Unterstützerinnen und Unterstützer, die ihr Wissen und Know-how zum Gelingen beigetragen haben. An dieser Stelle möchte ich mich ganz herzlich bei diesen Menschen bedanken:
Ich bedanke mich besonders herzlich bei Beatrix Hain, Wolfgang Tobisch, Verena Wieser, Maria Zinggl, Olivera Jovanovic, Benedikt Rohrauer, Monika Preisl und Günther Stiller und seinem Team für die tagtägliche Unterstützung und gute Zusammenarbeit. Mein ausdrücklicher Dank geht an Ursula Emesz und Barbara Hafok für die gelungene Gestaltung und Realisierung der Publikation. Besonderer Dank gilt allen Kolleginnen und Kollegen der Abteilung Wissensvermittlung, sowie der Abteilung Verwaltung insbesondere des Bereichs Personal und Recht des Technischen Museums Wien.
Der Blick von außen war ausgesprochen wertvoll zur Weiterentwicklung der Maßnahmen. Besonders möchte ich mich hier bei Karin Wolf und dem gesamten Team des Instituts für Kulturkonzepte für die praxisnahen Anregungen bedanken.
Herzlicher Dank für die persönliche Unterstützung gilt meinen inspirierenden und motivierenden Querdenkerinnen und Querdenkern Reinhard Günther, Katharina Grabner, Regina Danek, Veronika Mauler, Sven-Marcus Maderbacher und Isabella Hranek.

www.ingramcontent.com/pod-product-compliance
Lightning Source LLC
Chambersburg PA
CBHW072100220326
41599CB00030BA/5766